A Francesco

PREMESSA

All'interno delle organizzazioni sta divenendo sempre più importante il tema della "cultura", ma non sempre si ha ben chiaro cosa questa sia, oppure non se ne sanno cogliere appieno tutti i potenziali utilizzi. Con il presente lavoro ho cercato di spiegare questo interessante concetto,partendo da un punto di vista "storico" (ossia vedendo quando la cultura organizzativa ha iniziato ad essere oggetto di studio psicologico e perché), poi analizzando il tema in modo "concettuale" (definizioni e principali visioni), dunque osservando, tramite un esempio, l'incidenza della cultura su nascita, vita e fallimento di una organizzazione. Spiegato in questo modo il tema, sono passata al lavoro "sul campo": mi sono recata in un ente pubblico, l'"Università Agraria" di Tarquinia (VT) e,con varie metodologie, ne ho analizzato la cultura, cercando di capire come questa incidesse sul funzionamento dell'organizzazione. Spero che questo volume possa essere di aiuto a quanti si avvicinano per la prima volta al vasto mondo della cultura aziendale e a chi voglia vedere la stessa da un punto di vista più completo.

Par. 1 – Le origini degli studi sulla cultura organizzativa ed il caso del paternalismo marzottiano.

Nello studiare le dinamiche organizzative un aspetto da cui non si può prescindere è quello culturale: in qualunque organizzazione, anche in quelle apparentemente meno attente ai meccanismi di funzionamento della struttura, il modo in cui si pensa, si sente, si valuta e si agisce è guidato da idee, significati e credenze appartenenti ad una visione culturale socialmente condivisa.[1] Tuttavia non sempre è stato accordato il giusto peso al ruolo della cultura nelle organizzazioni, anzi, le prime attenzioni a questo tema così importante si trovano in letteratura soltanto in epoca relativamente recente. Un esempio pionieristico di intervento sulla cultura organizzativa può essere considerato il cosiddetto "paternalismo marzottiano" della seconda metà dell'800, ossia uno dei primi tentativi di offrire ai lavoratori una forma di assistenza che oltre a soddisfarne i bisogni primari, li stimolasse ad un maggiore impegno e ad una crescente Identificazione con l'azienda perseguendo il fine ultimo di far percepire l'impresa come una "grande

---

1 Alvesson, M., *Understanding Organizational Culture*, Londra 2002, p.1

famiglia". L'iniziatore di questo progetto fu Gaetano Marzotto sr, proprietario di un lanificio a Valdagno, in provincia di Vicenza, il quale nel 1866 cercò di creare attorno al suo stabilimento una sorta di piccola "città per gli operai", con cucine economiche, magazzino cooperativo, case operaie, ecc... Si cercava dunque di sfruttare l'assistenza come elemento cardine su cui costruire la "grande famiglia del lavoro" e di utilizzare quest'ultima come leva motivazionale sui lavoratori. Questa rete assistenziale fu ripresa quarant'anni dopo da Gaetano Marzotto jr, che fece costruire nel 1925 all'interno del lanificio un ambulatorio con un medico stabile, che era diretto funzionario dell'azienda: questo significava che il lavoratore da questo momento veniva seguito fin dal suo ingresso nello stabilimento e costantemente controllato nel corso della sua vita lavorativa.[2]. L'etica del lavoro sottesa all'agire imprenditoriale di Gaetano Marzotto era basata su un sistema di valori a metà tra il pensiero weberiano (il moderno capitalismo è culmine e chiave di volta dell'intero complesso delle formazioni sociali; la mentalità imprenditoriale si forma su pre-condizioni culturali, al variare delle quali varia anche il

2   *www.giorgioroverato.eu, luglio 2010,* e la tesi di Pittoni, A., Cultura organizzativa e riti aziendali, Università degli Studi di Padova, facoltà Economia 2006-07

modo di formazione e sviluppo della prima[3]), il self-help smilesiano (ossia la cultura dell'auto-aiuto promossa da Samuel Smiles: per migliorare la propria posizione sociale si deve puntare sulla forza di volontà, che è capace di vincere ogni ostacolo)[4] e solidarismo cattolico (orientamento sociale tendente ad attuare un sistema imperniato sulla solidarietà umana, considerata come «virtù cristiana» e come base della convivenza civile[5]); valori che portarono l'uomo (o meglio, la risorsa umana) al centro dell'attenzione dell'azienda. Da ciò derivò la crescita morale e culturale del lavoratore, e l'attenzione alle sue potenzialità. Il lavoro non era più solo fonte di reddito, ma anche conquista e realizzazione dell'uomo, grande struttura entro la quale collocare la propria vita e per la quale vivere. E' grazie a questa impalcatura culturale, oltre che alle innovazioni tecniche ed economiche (come l'incremento e il rinnovo dei macchinari e degli edifici adibiti alla produzione, l'utilizzo moderne tecniche di Organizzazione scientifica del lavoro, l'acquisizione di ulteriori impianti lanieri.), che Gaetano Marzotto è riuscito a superare l'arretratezza del settore di appartenenza e a

---

3   It.wikipedia.org, febbraio 2012

4   Smiles, S., Self-help: with illustrations of conduct and perseverance, Londra 1859

5   Guccione, E., Federalismo e solidarismo nel pensiero cattolico, 16-01-2009, su archivio.denaro.it, febbraio 2012

dare dimensioni industriali ad una attività in precedenza abbastanza modesta; ha qualificato la sua organizzazione come una microsocietà o comunità fortemente caratterizzata da credenze e significati condivisi, usi e costumi distintivi, e così l'ha fatta crescere: basti pensare che, alla fine degli anni '20, gli impianti erano, a seconda dei reparti, raddoppiati o triplicati rispetto a quelli del 1922, la manodopera era cresciuta da 1200 a circa 3500 unità, la produzione dei tessuti era più che raddoppiata e quella dei filati quasi quintuplicata.[6]

Par. 2 – I primi studi culturali e l'innovazione dei T-groups.

In letteratura si inizierà a trattare il tema culturale un po' più tardi rispetto agli interventi marzottiani, e pioniere in questo caso può essere considerato Kurt Lewin,[7] psicologo tra i

---

6 Roverato, G., Scritti di Storia Economica, Padova 1995, febbraio 2012

7 Kurt Zadek Lewin (Mogilno, 9 settembre 1890 – Newtonville, 12 febbraio 1947) è stato uno psicologo tedesco, pioniere della psicologia sociale (*Wikipedia luglio 2010*). Giunse nei primi anni '30 negli Usa come ebreo rifugiato dalla Germania nazista; è stato uno psicologo sperimentale, un ricercatore innovativo, un professore con la passione per le nuove aree di ricerca. Fu tra i sostenitori della psicologia della Gestalt.

primi a studiare le dinamiche dei gruppi[8] e lo sviluppo delle organizzazioni. Nel 1946 il direttore della *Inter-racial Commission* del *Connecticut*[9] gli commissionò un laboratorio di formazione con lo scopo generale di aiutare a rafforzare il ruolo della leadership nella comunità, e quello particolare di dare più forza

(*www.psicopolis.com luglio 2010*).

8   Questa espressione fu utilizzata per la prima volta nel 1944 da *Kurt Lewin; Lewin* spiegò l'azione individuale a partire dalla struttura che si stabilisce tra il soggetto e il suo ambiente in un momento dato. Questa struttura è un campo dinamico, cioè un sistema di forze in equilibrio: quando l'equilibrio si rompe c'è tensione nell'individuo e il suo comportamento ha come scopo quello di ristabilire questo equilibrio. Dal 1938 *Lewin* estende ai piccoli gruppi questa nozione di campo dinamico; dall'esperienza di osservazione di vari gruppi *Lewin* dimostra che il gruppo è un tutto le cui proprietà sono differenti dalla somma delle parti; l gruppo e il suo ambiente costituiscono un campo sociale dinamico, i cui principali elementi sono i sottogruppi, i membri, i canali di comunicazione, le barriere. Questi elementi sono interdipendenti e modificando anche un solo elemento cambia tutto l'insieme (Biggio, G., *Psicologia, organizzazioni e lavoro. Percorsi e sviluppi*, Roma 2007, pp. 57-58),

9   Agenzia nata nel 1943, ancora oggi presente col nome di "*Commission on Human Rights and*

alle relazioni interrazziali (in particolare tra ebrei e cristiani) imparando ad imprenditori, sindacalisti e insegnanti ad affrontare meglio le tensioni tra gruppi.[10] Si volevano cambiare gli atteggiamenti delle persone tramite metodi "soft", e si intendevano fornire gli strumenti cognitivi per consentire a tutti una maggiore comprensione dei propri valori e azioni; la formazione consisteva in letture, giochi di ruolo e discussioni di gruppo. Dopo i *training*[11], di sera, molti ricercatori si riunivano per discutere degli atteggiamenti osservati durante il giorno e dunque per dare una prima,

---

Opportunities". Il suo scopo è eliminare le discriminazioni rinforzando le leggi sui diritti civili e umani e creare pari giustizia e opportunità per tutte le persone (*www.ct.gov/chro luglio 2010*)

10 Il progetto era diretto da Ronald Lippit, e dello staff di formazione facevano parte Leland Bradford e Kenneth Benne. Il *workshop* fu condotto a New *Britain*, in Connecticut (*da www.psicopolis.com, luglio 2010*)

11 Il *training* (o *entrainement*, addestramento) è una azione formativa e sistematica intesa a modificare nel tempo il comportamento del personale secondo un programma determinato. Tutti i processi di addestramento hanno le loro basi nei meccanismi psicologici dell'apprendimento. (Spaltro, E., *La forza di fare le cose: fondamenti di psicologia del lavoro*, Bologna 2003, pag. 227)

sommaria valutazione. Alcuni partecipanti, incuriositi da questi incontri dei trainer, chiesero di poter prendere parte alle discussioni della sera, e *Lewin* acconsentì. Le discussioni serali divennero dunque molto più proficue: i partecipanti intervenivano sull'interpretazione che i ricercatori davano dei loro comportamenti, ed esponevano il loro punto di vista; nacquero discussioni molto più articolate, e gli stessi partecipanti ammisero che dalle discussioni serali traevano più benefici che dai lavori diurni, essendo divenuti più sensibili al proprio comportamento e a quello degli altri. Erano nati i *T-groups*[12] [13], situazioni di apprendimento basate sulla

---

12 I T-groups (training groups) nascono "per caso", ma non in "modo casuale": sono la naturale conseguenza degli studi teorici e delle applicazioni pratiche del costrutto di campo e dell'*Action Research* applicata ad un micro-campo. (Contessa, G., *Attualità di Kurt Lewin*, Torino 1998, pp. 109, 138). L'*action research* (o "ricerca-azione") è un particolare tipo di ricerca, vale a dire un'azione realista, sempre seguita da un'oggettiva riflessione autocritica e da una valutazione dei risultati. Poiché l'obiettivo del ricercatore è capire nel minor tempo possibile, egli non deve aver paura di affrontare le proprie lacune (Barbier, R., *La ricerca-azione*, Roma 2007, pag. 22).

13 I T-groups sono spesso indicati in modo generico come sensivity training, ma in realtà sono soltanto

---

convinzione che l'individuo ha bisogno del gruppo per stabilire la propria identità, dare un senso alla propria esistenza ed esprimersi appieno;[14] il gruppo, mentre esiste, studia se stesso e, così facendo, impara e cambia. Tutto ciò avviene simultaneamente, qui e ora, nello spazio di vita del gruppo. Quindi anche grazie al trainer che, con le sue competenze tecniche, lavora affinché il gruppo esista, agisca, capisca e impari.[15] Negli anni '50 questo metodo di apprendimento iniziò ad essere usato all'interno delle organizzazioni per modificare i valori dei dirigenti, i loro comportamenti verso le relazioni umane, per migliorare le relazioni interpersonali, aumentare la capacità di *leadership*, le competenze, e così via. Insomma, i *T-groups* erano entrati nell'organizzazione come metodi di esplorazione, presa di coscienza e modifica della cultura del gruppo. Uno dei primissimi interventi sulla cultura d'impresa mediante i *T-*

---

uno dei vari metodi di apprendimento catalogabili sotto tale nomenclatura (Biggio, G., *Outdoor training: uno strumento di sviluppo individuale e organizzativo*, Roma 2008, pag. 19)

14 AA.VV., *Organization Development: A Jossey-Bass Reader*, 2006, parte a cura di Burke, W. W., pp. 14-15

15 Contessa, G., *Attualità di Kurt Lewin*, Torino 1998, pp. 109-110

groups fu quello condotto da *Herbert Shepard*[16] (del dipartimento delle relazioni aziendali tra i dipendenti) ed *Harry Kolb*[17](della divisione delle raffinerie) con alcuni dei maggiori manager della *Exxon* (oggi nota come *Esso*) in *Louisiana* e *Texas* sud-orientale, dal 1955 al 1957[18]. *Kolb* e *Shepard* utilizzarono interviste seguite da laboratori formativi della durata di tre giorni, con lo scopo di rendere il management più partecipativo e collaborativo. Molti dei maggiori nomi dei laboratori nazionali di *training* di quel tempo,

---

16 Herbert Allen Shepard (Ontario, 1920 - 1985) è stato un ricercatore pioniere nel movimento dello sviluppo organizzativo, e ha dato un importante contributo nell'applicazione delle scienze del comportamento alle organizzazioni.

17 Harry Kolb è un professionista dello sviluppo organizzativo che in quel periodo lavorava all'interno della *Exon Mobil* (Burke W.W., Bradford D.L., *The Crisis in OD*, su http://docs.google.com, luglio 2010)

18 Informazioni ricavate da AA.VV., *Organization Development: A Jossey-Bass Reader*, 2006, parte a cura di Burke, W. W., p. 15; www.odnetwork.org, luglio 2010;

come *Leland Bradford*[19] e *Robert R. Blake*[20], utilizzarono lo stesso metodo di *Shepard* e *Kolb*. *Paul Buchanan* fece un intervento simile mentre era con la *Naval Ordnance Test Station* di *China Lake*[21], in California, capeggiando la divisione dello sviluppo dei dipendenti, e successivamente andrà ad aiutare *Shepard* alla *Esso*.

Allo stesso tempo, *Douglas McGregor*[22] della

---

19 Leland P. Bradford (1905 - 1981) è stato uno dei fondatori del *National Laboratory in Group Development* (oggi Istituto di scienze del comportamento applicate), e in generale ha dato un importante contributo alla teoria e al metodo dei *T-groups* (www.amazon.com agosto 2010).

20 Robert R. Blake (1918-2004) è stato uno studioso del management, e fautore di lavori pionieristici nell'ambito delle dinamiche organizzative. Insieme a Jane Mounton sviluppò il modello della griglia manageriale, che classificava il management in termini di stile nelle relazioni e nella *leadership* (en.wikipedia.org agosto 2010)

21 Sezione della *Naval Air Weapons Station China Lake* (*NAWS China Lake*), che è un poligono dove si testano e sperimentano armi aeree della marina statunitense, situato nel deserto del *Mojave*, in California (en.wikipedia.org, agosto 2010)

22 Douglas McGregor (1906 - 1964) è stato un professore alla scuola di management *MIT Sloan*, ha avuto una grande influenza sule pratiche

scuola di management *MIT Sloan*[23], stava conducendo simili sessioni di training alla *Union Carbide*[24]. Il suo, insieme all'esperienza della Esso, rappresenta uno dei primi studi empirici sulla cultura nello sviluppo organizzativo[25], e fu solo l'apripista di tutta una serie di interventi analoghi che presero avvio negli anni '60, come per esempio quelli in organizzazioni come *TRW, Westinghouse, Eastman Kodak, IBM, General Electric, Eli Lilly, la Monsanto, Pillsbury, Boeing, Maytag*, e molte altre[26].

Par. 3 – Il Total Quality Management

Parlando di approccio culturale alle

educative nell'organizzazione ed è stato l'inventore delle teorie X e Y (en.wikipedia.org, agosto 2010)

23 La scuola di management *MIT Sloan* è una delle cinque scuole dell'istituto di tecnologia del *Massachussets (USA)*, e conduce ricerche e insegnamenti su varie materie, tra cui finanza, *marketing*, comportamenti organizzativi, economia (en.wikipedia.org, agosto 2010)

24 La *Union Carbide* è una compagnia chimica e di polimeri, parte della compagnia farmaceutica Dow (da www.unioncarbide.com, agosto 2010)

25 Burke, W. W., *Organization change: theory and practice*, Thousand Oaks (California) 2002, pp. 34-35

26 Da un articolo di Highouse, S., suwww.psicopolis.it, luglio 2010.

organizzazioni da un punto di vista più generale, appare d'obbligo trattare il *Total Quality Management*[27]: il concetto di qualità totale nasce negli Stati Uniti all'inizio degli anni '50, con Edward Deming[28], Philip Crosby[29] e Joseph Juran[30], ma viene sviluppato rapidamente dai giapponesi, che ne fanno uno dei pilastri del loro sviluppo industriale. Il pensiero dei tre studiosi appena citati riguardo il tema culturale è sostanzialmente simile: alla

---

27 Il *Total Quality Management* (*TQM*) è un insieme di pratiche di gestione dell'organizzazione, volto a garantire che l'organizzazione soddisfi o superi costantemente le esigenze dei clienti. (www.managementhelp.org/quality, luglio 2010)

28 William Edwards Deming (14 ottobre 1900 – 20 dicembre 1993) è stato un docente, saggista e consulente statunitense, famoso soprattutto per i suoi studi sulla qualità e per il miglioramento della produzione delle organizzazioni (deming.org, luglio 2010)

29 Philip Bayard Crosby (Wheeling, 1926 - Winter Park, 2001) è stato un uomo d'affari e autore che ha contribuito alla teoria del management e alla pratica del quality management (wikipedia.org, luglio 2010)

30 Joseph Moses Juran (Braila 1904 - New York 2008) è stato un consulente manageriale ricordato per il suo pensiero sulla qualità e sul *quality management* (http://www.jmjuran.com, luglio 2010)

base della cultura dell'organizzazione deve esserci un impegno del management nei confronti della qualità.

Per Crosby fissare i requisiti della Qualità è un lavoro che spetta al management, che deve poi comunicarli ai collaboratori. Anche il miglioramento parte dall'alto. La cultura di un'organizzazione cambierà solo quando tutti i collaboratori assorbiranno il linguaggio comune della Qualità e inizieranno a capire quale ruolo hanno nel migliorarla. Deming ritiene fondamentale la leadership, che deve supportare le persone aiutandole a lavorare meglio. Occorre che il management spazzi via le paure perché aumenti l'efficienza complessiva dell'organizzazione. I manager devono definire gli standard e fornire ai livelli operativi gli strumenti necessari per soddisfare e creare un ambiente sereno che favorisca la cooperazione, l'identificazione e la soluzione dei problemi.
Per Juran la maggioranza dei problemi relativi alla qualità è dovuta ad un management incapace, non a lavoratori incapaci. Ecco perché è importante che la Direzione curi a fondo l'ambiente culturale di un'azienda[31].

Già agli inizi degli anni '60 la maggior parte delle aziende giapponesi adotta questo approccio come fattore strategico;

31 Da www.qualitiamo.com , luglio 2010

paradossalmente invece negli Usa e nell'occidente il *TQM* si sviluppa solo a partire dai primi anni '80. La rivoluzione culturale apportata dal *TQM* consiste nell'estendere i concetti e le tecniche di controllo della qualità a tutti i settori aziendali. Inoltre, affinché vi sia una implementazione totale della qualità, tali concetti e tecniche devono essere noti e applicati da tutto il personale, e non soltanto dagli specialisti della qualità. Ciò implica un adeguato piano di formazione delle risorse umane, ma soprattutto un radicale cambiamento di mentalità da parte del personale, che deve sentirsi importante per l'azienda e assumere un atteggiamento collaborativo e pro-attivo nei confronti dell'organizzazione. Affinché le risorse umane operino in un'ottica di qualità totale, deve esserci naturalmente un forte *commitment*[32] da parte del *top management*[33] aziendale che, oltre a considerare il TQM uno strumento strategico per il successo dell'azienda, per primo deve applicarlo concretamente nell'attività direzionale per dare l'esempio.

---

32 La traduzione più immediata di "commitment" è "impegno", ma se si vuole essere precisi si intende: responsabilizzazione (dipende da me), impegno (voglio farlo), azione (lo faccio). (www.fedro.it luglio 2010)

33 Management apicale

Par. 4 – L'approccio culturale negli studi contemporanei.

Negli anni '80 qualcosa cambia; come dice Meyerson «*la cultura è la parola chiave per il lato soggettivo della vita organizzativa [...]. Il suo studio rappresenta una ribellione ontologica contro il funzionalismo dominante, o "paradigma scientifico"*» [34]. Questa reazione contro il positivismo e la quantificazione trattati dai principali studi sull'organizzazione favorì l'avvio di un processo di riesame dei fondamenti degli studi organizzativi, che è ancora in atto (Alvesson, 1989; Burrel & Morgan, 1979; Czarniawska-Joerges, 1992). Dalla metà degli anni '80, comunque, molti studiosi iniziarono a preoccuparsi se la ricerca sulla cultura potesse in breve tempo rivelarsi un buco nell'acqua o se desse risultati positivi. Le "guerre paradigmatiche" che videro sfidarsi le prospettive dominanti all'epoca furono caratterizzate da un continuo susseguirsi di ricerche sulle abilità e repliche epistemologiche, ma la cultura organizzativa sembrava ancora avere pochi riscontri teorici e pratici, perfino quando divenne un oggetto di studio "stabile".

Da quel momento, l'area di ricerca iniziò a svilupparsi in varie strade, incluse le

---

34 Myerson, R., *Game Theory: Analysis of Conflict*, Harvard University Press 1991, p. 256

pubblicazioni di un certo numero di libri sulla cultura organizzativa, come le visioni di insieme proposte da Schein (1985, 1992), Ott (1989), Trice e Beyer (1992) e Alvesson (1993); le nuove prospettive introdotte da Sackmann (1991), Martin (1992), Alvesson e Berg (1992) e Czarniawska-Joerges (1992); e i nuovi studi empirici ed etnografici presentati da Denison (1990), Kunda (1992) e Kotter e Heskett (1992).

Ci sono stati anche sviluppi più curiosi in cui i metodi della ricerca quantitativa venivano applicati allo studio della cultura (si applicavano metodi di esame allo studio di dimensioni comparative della cultura in un modo che può essere definito in contraddizione con i fondamenti epistemologici delle ricerche sulla cultura negli studi organizzativi): Calori & Sarnin (1991), Chatman (1991), Chatmann & Caldwell (1991), Denison & Mishra (1995), Gordon & DiTomaso (1992), Hofstede, Neuijen, Ohayv & Sanders (1990), Jermier, Slocum, Fry & Gaines (1991).[35]

Cap. 2 – La cultura organizzativa

---

35 Denison, D. R., *What is the difference between organizational culture and organizational climate? A native's point of view on a decade of paradigm wars*, in Academy of Management Review, *vol. 21, No.3*, Birmingham 1996, pp. 619-620.

Par. 1 – Definire la cultura.

Dare una definizione precisa e univoca della cultura organizzativa è quanto mai arduo, ma credo che, generalizzando, si possa affermare che essa è un'astrazione[36] che comprende i valori, le opinioni e le conoscenze che sono condivise dai membri di un'organizzazione, e che forniscono a questi ultimi le linee guida di comportamento in una serie di circostanze, sia quotidiane che straordinarie[37]. Gagliardi e Monaci[38] definiscono la cultura organizzativa come *"un sistema di cognizioni socialmente acquisite e condivise, che forniscono agli attori gli schemi mentali per percepire–interpretare–valutare-agire"* e una dimensione simbolica, secondo cui può essere definita come *"la struttura di significato nei termini della quale gli esseri umani interpretano la propria esperienza e dirigono la propria azione"*[39].

---

36 Così la definisce Schein (Schein, E., *Organizational Culture and Leadership - 3rd edition*, San Francisco 2004, pag. 3) che dice che essa è alla base delle forze interne alle situazioni sociali e organizzative.

37 Cerica, R. , *Cultura organizzativa e performance economico-finanziarie*, Firenze 2009, pag. 41

38 Studiosi delle scienze sociali applicate al business management, molto attivi sia in Italia che negli Stati Uniti (www.gtc.ox.ac.uk agosto 2010)

39 Gagliardi, P., Monaci, M., *La cultura*, Torino 1997

Secondo Schein[40], la cultura organizzativa è *"un modello di assunzioni di base (inventate, scoperte, sviluppate da un gruppo determinato nel momento in cui apprende come far fronte ai suoi problemi di adattamento esterno e di integrazione interna) che ha funzionato abbastanza bene da poter essere considerato valido, e perciò tale da essere insegnato ai nuovi membri come modo corretto di percepire, pensare e sentire in relazione a situazioni analoghe".*[41]

La cultura organizzativa consiste nella parte non scritta e difficilmente osservabile dell'organizzazione. Tutti partecipano alle dinamiche culturali, ma generalmente la cultura passa inosservata. Solo quando l'impresa prova ad intraprendere nuove strategie, oppure obiettivi incompatibili con le norme e i valori della cultura aziendale, ci si trova faccia a faccia con il potere esercitato dalla cultura.

Par. 2 – La formazione del gruppo e della

40 Edgar Henry Schein (1928) è uno dei più famosi studiosi di sviluppo organizzativo sotto vari aspetti, tra cui sviluppo di carriera, processi di gruppo e cultura organizzativa. E' stato anche professore alla scuola di management MIT Sloan (en.wikipedia.org agosto 2010)

41 Schein, E. H., *Organizational Culture and leadership*, San Francisco 1985

sua cultura.

Sebbene gli elementi che compongono la cultura possano provenire da ogni parte dell'organizzazione o anche dall'esterno, questa solitamente viene individuata dal fondatore dell'azienda, che implementa dei concetti, dei valori, una visione e una filosofia. Quando questi concetti e valori determinano il successo dell'azienda, si istituzionalizzano e così prende corpo la cultura organizzativa, che riflette la visione iniziale del fondatore.

Vediamo questo processo di formazione più nello specifico; tutti i gruppi si formano a causa di qualche evento originario:

1. il profilo ambientale incidente (per esempio, una improvvisa minaccia che si verifica in una folla e che richiede una risposta comune);

2. la decisione[42] di un "originatore" volta a

---

42 Quando si parla di decisione il discorso è più complesso di ciò che si può immaginare; la decisione è costruita mediante processi preconsci definiti "reticolo decisionale", che si formano prima di arrivare ad una presa di decisione operativa, e sono in sostanza una lenta creazione di connessioni cognitive ed emotive intorno ad un problema rispetto al quale si sarà chiamati a decidere. (Biggio, *G., Counselling: metodi e applicazioni*, Roma 2005, pag. 58)

riunire alcune persone per uno scopo;

3. un evento pubblico od una esperienza comune che attrae un certo numero di individui.

Quando il gruppo si forma, la questione fondamentale che interessa i membri è capire perché sono nel gruppo, qual è il loro compito. Al tempo stesso, ogni individuo si trova di fronte a problemi di sopravvivenza come l'essere o meno incluso nel gruppo nel futuro, avere un ruolo da giocare, avere influenza sugli altri, raggiungere un livello di intimità tale da soddisfare le proprie esigenze, ecc.

Appena il gruppo si riunisce nel proprio spazio, diversi partecipanti, venendo a contatto con la nuova situazione, mostreranno il loro stile di *coping*[43]. Alcuni silenziosamente attenderanno gli eventi, altri formeranno immediatamente alleanze tra loro, e altri ancora cominceranno a farsi valere dicendo a qualcuno chi deve

---

43 Lo stile di *coping* è la strategia comportamentale che si adotta per far fronte alle richieste emotive od operative dell'ambiente. Comprende dunque il modo in cui viene razionalizzato oppure riformulato un problema, sdrammatizzata una tensione, ricercato il supporto degli altri, ricercate informazioni dall'ambiente ed in generale la strategia di problem solving attuata. Biggio, G., *Psicologia, organizzazioni e lavoro. Percorsi e sviluppi*, Roma 2007, pag. 125

ascoltare e che sanno come affrontare questo tipo di situazione.[44]

I successivi passaggi della formazione di un gruppo possono essere visti come il confronto di una sequenza di ipotesi di base condivise. La formazione della cultura avviene attraverso gli sforzi dei membri di affrontare le angosce caratteristiche di ciascuna delle ipotesi fondamentali:

1. formazione del gruppo; l'assunto dominante è la dipendenza[45]: «il leader sa cosa dobbiamo fare». I membri si auto-orientano sull'inclusione nel gruppo, il potere e l'influenza, l'accettazione e l'intimità, l'identità e il ruolo;

2. costruzione del gruppo; l'assunto dominante è la fusione: «siamo un grande gruppo, ognuno di noi è come gli altri». Il

---

44 Schein, E.H., *Organizational Culture And Leadership - 3rd edition*, San Francisco 2004, pp. 64-65

45 Per dipendenza qui si intende una precisa struttura di potere del gruppo, in cui un individuo non esprime indipendentemente le proprie opinioni differenti o in contrasto con quelle degli altri (es. il medico Rossi fa eseguire al paziente Bianchi determinati esami non perché crede che servano a qualcosa, ma perché il suo primario glielo impone). Biggio, G., *Psicologia, organizzazioni e lavoro. Percorsi e sviluppi*, Roma 2007, pp. 58-59

gruppo è visto come un oggetto idealizzato: ci si focalizza su l'armonia e la conformità, si cerca intimità, le differenze tra i membri non sono considerate;

lavoro del gruppo; «possiamo lavorare con successo perché ci conosciamo e accettiamo l'un l'altro». La missione del gruppo è la realizzazione, il lavoro del team, e mantenere il gruppo in un buon ordine lavorativo. Le differenze tra membri contano;

4. maturità del gruppo; «sappiamo chi siamo, cosa vogliamo e come ottenerlo. Abbiamo avuto successo, dunque stiamo lavorando bene». Il gruppo mira alla sopravvivenza e al benessere, dunque ci si concentra sul preservare sé stesso e la sua cultura. La creatività e le differenze tra i membri sono viste come minacce[46]. Analizziamo una ad una queste fasi.

Inizialmente il gruppo non è veramente un gruppo, ma un insieme di singoli membri, ciascuno incentrato su come rendere la situazione sicura e gratificante per sé mentre è alle prese con problemi personali di inclusione, identità, autorità e intimità. In altre parole, durante questi primi eventi significativi che creano risposte emotive, i nuovi membri sono

46 Schein, E.H., *Organizational Culture And Leadership - 3rd edition*, San Francisco 2004, pp. 69-70

più preoccupati dei propri sentimenti che dei problemi del gruppo come gruppo, e, in genere, operano sul presupposto inconscio della dipendenza, cioè si basano sulla convinzione che il leader sa cosa si deve fare. Pertanto, il miglior modo per essere sicuri è capire cosa il gruppo vuole che si faccia e farlo.

I membri possono condividere il presupposto comune di essere dipendenti dal leader, ma reagiscono in maniera molto differente. Alcuni, nel trattare con l'autorità, reprimono la propria aggressività, accettando la dipendenza e chiedendo consiglio; altri invece trattano con l'autorità resistendo; altri ancora tentano di trovare persone con cui condividere i propri sentimenti di dipendenza, istituendo sottogruppi all'interno del gruppo. All'inizio questa varietà di tendenze non è percepibile né molto prevedibile. Alcuni membri emergono come concorrenti per la leadership e l'influenza. Se qualcuno di questi suggerisce qualcosa o mette delle regole, qualcun altro lo contraddirà o cercherà di andare in una differente direzione. Questa competizione aggressiva porta il gruppo a raggiungere una reale intesa, che però non sarà facile né da trovare né da mantenere, e questo rende il gruppo sempre più frustrato e scoraggiato per la sua incapacità di agire. Questa frustrazione mantiene vivo l'assunto della dipendenza dal leader. Nel frattempo i membri iniziano a conoscersi tra loro e a calibrare la situazione complessiva. Lentamente, viene stabilito un linguaggio comune e si accumula l'esperienza condivisa, nasce un senso di gruppo a livello emotivo che dà rassicurazioni a tutti i membri. Ansie e paure sono lentamente ridotte.

Questo senso comune sorge attraverso eventi significativi che suscitano sentimenti forti e poi sono sconfitti. Il gruppo, comunque, non è cosciente di questo processo di costruzione di norme, a meno che non si richiami l'attenzione su di esso.

Successivamente i membri del gruppo si rendono conto che il leader non è onnisciente, e nasce il senso di responsabilità: ognuno deve contribuire ai risultati del gruppo. Il leader "magico" è stato "ucciso", e il gruppo si concentra su una visione più realistica della leadership, che ora è considerata non più la prerogativa di una persona, ma un insieme condiviso di attività e di risultati posti. Il fondatore del gruppo o il leader rimane comunque colui che decide e progetta, ma il gruppo inizia a considerarlo per ciò che è realmente e a capire che l'organizzazione può funzionare soltanto se tutti si sentono responsabili dei suoi risultati. Questo processo può verificarsi in maniera implicita e poco visibile. Il modo in cui leader e gruppo affronteranno questo evento determinerà in larga misura le norme sull'autorità. Alcuni gruppi non raggiungono questo stadio, rimanendo sempre dipendenti dall' autorità formale.

L'intuizione che il leader non è né onnisciente né onnipotente da ai membri sollievo e gioia; il riconoscere che tutti nel gruppo hanno un ruolo e possono dare un contributo alla leadership rafforza il senso di gruppo. Questo stato di cose porta allo stadio successivo, la fusione: ognuno è uguale agli altri.

In questa fase non c'è conflitto interpersonale, si scende a patti pur di non fare torto agli altri, ci sono espressioni emotive di affetto uno stato d'animo euforico e la solidarietà de gruppo di fronte a qualsiasi sfida. Sintomi di conflitto o di disarmonia sono ignorati o negati con forza. L'ostilità è soppressa o punita severamente. Non tutti i membri del gruppo sentono il bisogno di mantenere il medesimo livello di intimità; alcuni sono guardiani dell'armonia del gruppo, altri invece si sentono in ansia a causa dell'alto livello di intimità e reclamano, ma le loro proteste sono ignorate o criticate perché è necessario dimostrare che l'armonia del gruppo è forte. Più un gruppo percepisce l'ambiente in cui vive come ostile e si sente vulnerabile, più si aggrappa alla fusione come un modo per rivendicare la sua forza. Soltanto quando il gruppo si sente ragionevolmente sicuro può rinunciare alla fase della fusione. Questa sicurezza scaturisce dalle esperienze via via crescenti, dai successi e dalle prove di forza contro gli altri gruppi. Ci sono quattro eventi che potenzialmente possono far cadere l'assunto della fusione:

1. i disaccordi e i conflitti che si manifestano nel tentativo di intervenire insieme;

l'annullamento del confronto;

la negazione palese delle antipatie tra membri;

l'emergere dei sentimenti negativi.

L'evento importante che porta al declino della fusione è più probabile che venga da quei membri del gruppo che sono meno in conflitto sulle questioni di intimità, e che quindi hanno più peso a parlare di ciò che sta accadendo, perché non possono essere contraddetti o negati, dunque gli altri membri riconoscono le loro ragioni.

Il tipo di norme e di assunti che emergono dall'esperienza del gruppo riflettono se l'apprendimento è stato il risultato del successo oppure del tentativo di evitare nel futuro i traumi dolorosi avvenuti nel passato. Se il gruppo ha appreso principalmente attraverso i successi, la sua mentalità sarà basata sul principio del non cambiare ciò che ha avuto successo; se il gruppo ha imparato sulla base dei traumi, non proverà nulla che lo abbia già ferito nel passato.

Lo stadio successivo alla fusione è quello caratterizzato dalla reciproca accettazione. Il gruppo ha avuto abbastanza esperienze per permettere ai membri di sapere cosa aspettarsi gli uni dagli altri, ma anche di apprendere che essi possono coesistere e lavorare insieme pur nonostante incomprensioni e antipatie. Il passaggio emotivo dal mantenere l'illusione di una reciproca simpatia (fusione) all'accettarsi reciprocamente per uno scopo è importante, perché fa raggiungere un livello di maturità emotiva in cui le norme prevalgono, e ciò è necessario per lavorare in modo efficace. Emerge un nuovo assunto implicito: ci si conosce abbastanza bene, sia in positivo che in negativo, e dunque si può lavorare bene insieme e realizzare i propri obiettivi esterni. Ora il gruppo preme meno i membri a conformarsi, e incoraggia in una certa misura l'individualità e la crescita personale, sul presupposto che se tutti i membri crescono e diventano più forti anche il gruppo ne trae beneficio.

I gruppi hanno sempre un compito, e dunque la necessità di lavorare (per svolgere il compito) è sempre psicologicamente attuale.

Ma la capacità di concentrarsi sul compito dipende dal grado in cui membri del gruppo riescono a ridurre ed evitare le loro ansie. Tali preoccupazioni sono più intense quando il gruppo è ancora molto giovane e non ha avuto la possibilità di costruire solidi presupposti culturali per contenere l'ansietà. Pertanto, l'energia disponibile per il lavoro è più bassa nelle prime fasi della formazione del gruppo. Anche se spesso molti membri per risolvere i loro problemi personali si buttano a capofitto sul lavoro, questa attenzione al compito non produce necessariamente buoni risultati. Il gruppo dunque si evolve quando il lavoro attrae maggiormente l'attenzione dei membri e i problemi diventano meno frequenti grazie allo sviluppo di una cultura.

Se un gruppo lavora con successo, inevitabilmente rafforza gli assunti su sé stesso e il suo ambiente, e dunque anche la cultura che vi si è sviluppata. Dato che la cultura è un insieme di risposte apprese, è tanto più forte quanto più il gruppo ha condiviso esperienze emotivamente intense. Alla luce di ciò, il gruppo inizia a sviluppare l'assunto di sapere bene chi è, quale è il suo ruolo nel comodo, come compiere il suo scopo e come condurre i suoi affari. Se la cultura che si è sviluppata funziona, sarà considerata dai membri l'unico modo coretto di vedere il mondo. Il dilemma inevitabile del gruppo allora è come rimanere stabile in un ambiente che perde la sua capacità di adattarsi, innovare e crescere[47].

Par. 3 – Il collegamento leadership - cultura

Fin'ora ho parlato spesso di leadership, senza però entrare nello specifico della sua relazione con la cultura organizzativa; è giunto il momento di analizzare questo collegamento, perché molto importante nell'ambito del discorso culturale. Nella gestione dei significati e dei simboli è decisivo il ruolo giocato dalla leadership come processo di influenzamento di idee e mappe di significati. Le persone per agire hanno bisogno di comprendere come le cose funzionano e quindi di attribuire senso ala realtà che le circonda. L'attività del leader, dal punto di vista culturale, contribuisce in primo luogo a facilitare tale processo aiutando il gruppo a capire come la cultura possa essere una reale risorsa. E' infatti sulla base della cultura e del modo in cui viene costruita che l'organizzazione nel suo complesso è in grado di reagire all'incertezza e agli imprevisti, di affrontare le sfide per crescere, durare e cambiare, fornendo ai propri membri identità, riconoscimento, significati per l'esperienza quotidiana e per la progettazione del futuro.

47 Schein, E.H., *Organizational Culture And Leadership - 3rd edition*, San Francisco 2004, pp. 70-84

La *leadership* culturale va intesa non solo come la funzione del *leader* di creare una nuova cultura o di modificare quella esistente, ma anche quella di mantenere e portare avanti innovazioni avviate da altri. In questo senso si può distinguere tra *leadership* di mantenimento e *leadership* di innovazione, evidenziando i processi sociali attraverso i quali la leadership opera per creare innovazioni culturali e quelli finalizzati a determinare la conservazione della cultura. Il *leader* dell'innovazione emergerà in situazioni percepite di crisi dalle persone, mentre il leader di mantenimento si manifesterà quando la percezione sarà quella di situazione abbastanza stabile. [48]

Par. 4 – Leadership e cultura e livello micro

Quando si parla dell'importanza della leadership culturale si rivolge in genere lo sguardo a realtà imprenditoriali medie o grandi, ma in realtà l'influenza della cultura, e dunque del ruolo del leader, è ben visibile anche in organizzazioni estremamente piccole, come le micro-imprese, che sono forme produttive estremamente presenti in Italia, ma all'interno delle quali spesso manca totalmente un'efficace predisposizione

48 Biggio, G., Psicologia, organizzazioni e lavoro
Percorsi e sviluppi, Roma 2007, pp. 59-60

culturale da parte del "capo". Che la figura del leader in senso culturale sia fondamentale e decisiva per il successo dei micro-business è un dato che ho potuto accertare anche in prima persona, notando in più casi come il comportamento dei pochi dipendenti fosse pesantemente influenzato dal modo di vedere le cose, di gestire la comunicazione, di addossare le responsabilità, di impostare la scala gerarchica deciso dal capo. Un caso particolarmente esemplificativo può esser considerato quello di una piccola impresa artigiana di Nepi, un paese in provincia di Viterbo, di proprietà di due soci e con due dipendenti a carico. La leadership culturale era chiaramente in mano a uno dei soci, G.M., che si occupava dei rapporti con i dipendenti e che gestiva le comunicazioni e le "leggi non scritte" della microimpresa in maniera sicuramente più evidente rispetto all'altro socio, che invece era più taciturno e pensava a svolgere i suoi compiti con apparente disinteresse verso la gestione delle dinamiche interne dell'azienda. La micro-impresa in 15 anni di attività ha registrato un alto turn-over di personale (ha cambiato 13 operai, ma considerando che ha iniziato ad assumere soltanto dal terzo anno di vita, la media di operai che si sono licenziati è di 1 ogni anno), a differenza delle altre attività dello stesso settore presenti nel paese. Questo dato è stato favorito, se non causato, dal clima stressogeno e privo di gratificazioni creato dal leader. Quest'ultimo infatti, non solo non elargiva né complimenti verbali né bonus economici per i lavori ben svolti, ma pretendeva, senza ringraziamento alcuno, ore di lavoro straordinario, sottolineava spesso il suo essere "padrone" e non "principale", dimostrava insofferenza per i problemi dei dipendenti (anche quando causati dal lavoro stesso, come ad esempio i piccoli infortuni) e quasi un sottile senso di disprezzo, evitando sovente di salutarli al di fuori dell'ambito lavorativo, non segnando in rubrica il loro recapito telefonico, chiedendogli spesso in prestito l'automobile personale ma essendo restio a fargli guidare i mezzi della ditta, disprezzandoli davanti a clienti e fornitori, addossando a loro colpe proprie. G.M. non prestava molta attenzione neanche alla formazione del personale: si lamentava se gli operai seguivano di loro spontanea volontà corsi di specializzazione o aggiornamento (perché così avrebbero perso giornate lavorative), e non si occupava in prima persona neanche di insegnargli il mestiere, lasciando questo compito al dipendente più anziano, che però, spesso e volentieri, era in azienda solo da qualche mese più del nuovo collega, e dunque aveva ben poco da insegnare, necessitando lui stesso ancora di molta formazione. Se gli operai, appena entrati in ditta, cercavano di lavorare al massimo delle proprie potenzialità nel tentativo di conquistare attenzioni positive e farsi accettare nel luogo d'impiego, presto questa euforia iniziale, colpita dagli atteggiamenti troppo negativi di G.M. e dall'assenza di gratificazioni, si dissolveva lasciando il posto ad un "lavorare per inerzia", al fare lo stretto necessario e pensare solo al proprio interesse, e non a quello del gruppo. Ciò aggravava ancora di più l'atteggiamento del leader, che rispondeva con insulti e derisioni, cercava di porre gli operai l'uno contro l'altro, si lamentava con molti compaesani dei "ragazzacci" che aveva assunto, aumentando l'ostilità del luogo e trasformando, per i dipendenti, il lavoro in un supplizio. Se a questo si aggiunge un ambiente di lavoro malsano, sporco, fatiscente ed una non prospettiva di carriera (sorretta da frasi ricorrenti che riguardavano per esempio l'idea di G.M. di vendere il capannone, in futuro, e sottolineando come lui sarebbe vissuto di rendita, lasciando disoccupati gli operai), è facile capire perché i dipendenti, appena ne vedessero l'opportunità, fuggissero via in cerca di un impiego più gratificante. Questo era anche il motivo di una produttività inferiore rispetto ai concorrenti: se appena assunti gli operai lavoravano al massimo delle proprie possibilità, tuttavia la loro produttività non era molto alta per via della mancanza di esperienza e di competenze; quando iniziavano a capire come andavano fatte le cose e avevano accumulato esperienza, gli atteggiamenti del leader avevano ormai scoraggiato la loro voglia di fare, e dunque loro operavano a rilento e senza troppa cura e precisione.

Come mostrato dall'esempio, l'influenza culturale del leader all'interno di una microimpresa è addirittura maggiormente evidente rispetto a quella di realtà più grandi, e le ragioni di questo sono presto spiegabili. Come già detto vari paragrafi addietro, mentre le prestazioni di un'impresa sono determinate dalla strategia di business che essa adotta, il successo e il mantenimento di tale strategia dipendono dalla cultura dell'organizzazione. In altre parole, i valori e le credenze condivisi in tutta l'organizzazione determinano il modo in cui si lavora e le prestazioni raggiunte (da qui il postulato porteriano che imprese con strategie differenti hanno anche differenti culture organizzative[49]). Più forte o più stretta è la cultura, cioè maggiore è la percentuale di dipendenti che credono nella cultura prescritta dal top management, più è alto il tasso di successo organizzativo (cioè, il

---

49 Porter, M.,*Competitive Strategy*, New York 1980

raggiungimento degli obiettivi)[50]. Dunque, dato che la cultura è supportata dal top management e nella micro-impresa c'è una stretta relazione tra proprietario-manager e dipendenti, nelle micro-imprese la cultura organizzativa dovrebbe essere forte, e perciò maggiormente influente sulle dinamiche quotidiane. Ecco perchè è ragionevole credere che la cultura organizzativa delle micro-imprese abbia un effetto significativo sulle prestazioni delle stesse, e che dunque il ruolo del leader nella formazione e nel mantenimento di una cultura efficace sia particolarmente importante ed incisivo. Micro-imprese con differenti performance finanziarie e strategiche hanno culture diverse, e dunque modi di leadership differenti[51].

Par. 5 – Classificare la cultura

Tornando a parlare in via generale, si può notare come la cultura aziendale abbia due funzioni principali all'interno di una organizzazione: l'integrazione dei membri (in

50 Deal, T., e Kennedy, A., Corporate Cultures: The Rites and Rituals of Corporate Life, Harmondsworth 1982; Kotter, J., e Heskett, J., Corporate Culture and Performance, New York 1992

51 Paige, R. C., e Emery C.R., An examination of the relationship among organizational values, strategies, key success factors, skills, culture and performance of micro-businesses, gennaio 2005, su findarticles.com, febbraio 2012

modo che riescano a relazionarsi gli uni con gli altri) e l'adattamento all'ambiente esterno. Per integrazione dei membri (detta anche interna) si intende che la cultura crea una situazione in cui i membri dell'organizzazione capiscono come lavorare insieme in modo efficiente. La cultura guida i rapporti di lavoro quotidiani e determina il modo di comunicare, di risolvere i problemi, di collaborare, e individua i comportamenti che si possono o non possono adottare.

Per adattamento all'ambiente esterno si indica invece come si individua il raggiungimento degli obiettivi. Come già detto, la cultura orienta i comportamenti dei dipendenti, dunque un certo tipo di cultura può aiutare l'impresa a reagire tempestivamente alla mossa di un concorrente o all'esigenza di un cliente.

Ci sono vari modi di classificare le diverse manifestazioni riconoscibili della cultura, che sono eterogenee e la rendono soggettiva e oggettiva, materiale e immateriale, duratura ed effimera, gestuale e verbale, osservabile ed evocativa.[52]

Uno schema classificativo per esempio è quello proposto da Cerica, basato sull'insegnamento scheniano secondo cui la

52 Strati, A., *"Introduzione all'edizione italiana"*,
   L'organizzazione e i suoi simboli, Milano, 1993, p. 9

cultura può essere analizzata da punti di vista differenti, da livelli diversi, dove col termine livelli si intende il grado in cui il fenomeno culturale è visibile all'osservatore. I livelli in cui si manifesta la cultura vanno dal più tangibile (che comprende ciò che l'osservatore può sentire e vedere) al più profondamente nascosto, inconscio, che racchiude gli assunti di base che *Schein* definisce l'essenza della cultura. Tra questi estremi ci sono credenze più o meno evidenti, valori, norme e regole di comportamento che i membri della cultura usano per dipingere la cultura con sè stessi e con gli altri.[53]

Seguendo dunque questa classificazione, possiamo dire che la cultura organizzativa si manifesta in tre livelli, che vanno dal più visibile e materiale a quello più profondo e nascosto:

1. il livello degli artefatti;

2. il livello dei valori dichiarati;

3. il livello degli assunti taciti e condivisi.

Il livello degli artefatti è il livello di percezione della cultura più immediato, che si osserva e si ascolta non appena si entra in azienda; rappresenta una traccia evidente della struttura culturale, osservabile anche da

53 Schein, Edgar H., *Organizational culture and leadership*, San Francisco 2004, p.25

spettatori esterni all'organizzazione, e proprio perché facilmente interpretabile è uno strumento chiave della trasmissione della cultura[54]. Consiste nell'architettura, nell'arredamento, nel clima e nel modo di relazionarsi dei dipendenti. Ad esempio, se in una azienda le persone sono sempre in riunione, non ci sono muri né porte chiuse, lo stile è informale, la sensazione che ne discende è che tutto scorra velocemente. In un'altra azienda invece, magari, le persone sono chiuse nel proprio ufficio, non ci sono molte conversazioni, l'abbigliamento è formale, dunque il clima che si percepisce è riflessivo e lento. Le due aziende si presentano in modo differente, ma per capire realmente che tipo di cultura è presente bisogna andare più a fondo e prendere in considerazione altre variabili: bisogna sostanzialmente indagare sui valori dichiarati, che rappresentano il secondo livello della cultura organizzativa. Le credenze costituiscono la sfera cognitiva sulla quale si basa il giudizio di ciò che è vero e di ciò che non lo è; mentre i valori attengono alla sfera morale delle convinzioni e dei giudizi di preferibilità e di fattibilità. Questi ultimi, che spesso vengono identificati con la cultura stessa, ma in realtà ne rappresentano solo alcune manifestazioni, esprimono la

---

54 Gabassi, Pier Giorgio, *Psicologia del lavoro nelle organizzazioni,* Milano 2006, p. 65

convinzione duratura che un dato comportamento sia personalmente o socialmente preferibile al suo contrario.

Riflettendo una determinata cultura aziendale, permettono ai soggetti dell'organizzazione di fruire di un sistema prepensato di giustificazione del loro agire a cui fare riferimento senza dover ricorrere a ulteriori spiegazioni. L'adesione a un modello valoriale consente alle persone che lavorano nell'organizzazione di configurare il loro comportamento in modo da privilegiare non solo obiettivi di tipo quantitativo (il più classico è quello della massimizzazione del profitto) ma soprattutto una strategia unificante e condivisa da tutti che possa trascendere dagli interessi e significati personali. Quando questo sistema di valori si struttura in modo complesso e assume un linguaggio specifico e distintivo, diventa un'ideologia, cioè un insieme di credenze relative al mondo sociale e al modo in cui esso opera, contenenti asserzioni sulla correttezza di determinati ordinamenti sociali e sulle azioni che potrebbero essere intraprese alla luce di tali asserzioni. L'ideologia serve perciò sia come chiave di comprensione, sia come guida all'azione, sviluppando nella mente di chi aderisce un'immagine di processo attraverso il quale si possono realizzare nel migliore dei modi i cambiamenti desiderati.[55]

Il terzo livello della cultura organizzativa è invece rappresentato dagli assunti taciti e condivisi. Per comprendere quest'aspetto, bisogna andare a ricercare quali erano i valori diffusi dal fondatore all'inizio della storia dell'impresa, che ne hanno determinato poi il successo. La cultura aziendale è permeata dagli assunti fondamentali degli individui che agiscono, e in particolare da:

1. assunti sulle relazioni degli esseri umani verso la natura;

assunti sulla natura umana;

assunti sui rapporti tra individui;

assunti sulla natura della realtà e della verità;

assunti sul tempo e spazio.

Per quanto riguarda i primi, si può dire che l'organizzazione cambia a seconda che si segua una visione di dominio di natura occidentale o di sottomissione di tipo orientale. Nel primo caso la strategia seguita è quella di aggressione del mercato più ampio, mentre nel secondo si favorisce il progetto di nicchia.

Riguardo invece gli assunti sulla natura

55 Gabassi, P. Giorgio, *Psicologia del lavoro nelle organizzazioni*, Milano 2006, p. 66

umana, *McGregor* elaborando la teoria X e Y,[56] ha notato che due comportamenti opposti riflettono la convinzione che ci si possa fidare o no dei collaboratori. In una organizzazione dove sono presenti molte deleghe, il management ha fiducia nei propri collaboratori, che si sentono coinvolti nell'organizzazione, e ciò porta al miglioramento delle performance delle persone e di conseguenza dell'organizzazione[57].

---

56 La teoria sottolinea che nell'ambito X i lavoro non è connaturato all'uomo ed è un male necessario; gran parte delle persone ha uno scarso interesse per il proprio lavoro, non ama la propria responsabilità e non è ambiziosa; le persone producono risultati soltanto se si ricorre ad un sistema premiante e punitivo; la maggioranza delle persone non è motivata a fornire contributi alla risoluzione dei problemi; minacce e punizioni occorrono per evitare gli errori. La teoria Y recita che il lavoro è vitale per l'uomo; le persone sanno impegnarsi per raggiungere gli obiettivi; trovano la motivazione in ciò che fanno, se ne comprendono il significato; le persone traggono più motivazione dalle gratificazioni che dal denaro, e non amano essere controllate, poichè sono in grado di auto-controllarsi efficacemente (D'Egidio, F., *Il valore del brand per essere il n°1. L'eccellenza nel servizio: le persone sono il brand*, Milano 2005, pag. 136).

57 McGregor, D., *The human side of enterprise*, New

Gli assunti sui rapporti tra gli individui si riferiscono al modo di relazionarsi tra colleghi e al rapporto di fiducia esistente tra l'impresa e i suoi dipendenti. Ad esempio il lavoro in team funziona solo se la responsabilità del progetto viene affidata al gruppo come entità e non ai singoli individui, ed il sistema di ricompense premia la performance collettiva e non quella individuale.

Riguardo agli assunti sulla natura della realtà e della verità, si può dire che esistono due tipi di organizzazioni: quelle centrate sul pragmatismo e sull'utilitarismo, in cui si crede che sia giusto solo ciò che funziona e genera utilità, e organizzazioni centrate invece su principi morali ed etici che consentono di distinguere ciò che è etico, e quindi giusto da fare, da ciò che non lo è.

Infine gli assunti sul tempo e spazio sono importanti per stabilire quanto ci si senta a proprio agio all'interno dell'organizzazione. Riguardo al tempo, in alcune imprese è considerato lineare e perciò si stilano molti calendari sugli impegni, mentre in altre il tempo è considerato circolare, per cui si compiono più operazioni contemporaneamente.

Quanto allo spazio, la disposizione *open space* indica comunicazioni informali e veloci

York 2006

tra i dipendenti: la vicinanza è infatti sinonimo di confidenza. L'assegnazione di uffici è spesso sinonimo di status e questo può creare conflitti e rivalità tra i colleghi. Legata allo spazio e ai luoghi troviamo l'estetica, che può essere assunta come una rilevante dimensione della cultura organizzativa. L'attenzione a questa dimensione permette una lettura degli eventi delle stesse strutture fisiche dell'impresa come manifestazioni della cultura organizzativa. In una seconda accezione, l'estetica può essere considerata come un tratto del comportamento organizzativo che conduce alla valorizzazione della creatività, della solidarietà e della qualità.

Per quanto riguarda le manifestazioni materiali della cultura organizzativa, i suoi aspetti tipici e importanti sono i riti e le cerimonie, le storie, i simboli e il linguaggio.

I riti e le cerimonie sono attività pianificate caratterizzate da solennità e formalità, che costituiscono un evento speciale e sono spesso realizzate nei confronti di un pubblico. I manager possono organizzare riti e cerimonie per fornire esempi espressivi dei valori dell'azienda. Queste circostanze rappresentano occasioni speciali che rinforzano valori importanti per l'azienda, creando un vincolo tra le persone per la condivisione di concetti fondamentali, e dunque rafforzano il senso di appartenenza all'organizzazione[58]. I riti possono essere di quattro tipi:

1. riti di passaggio, che facilitano la transizione di dipendenti verso nuovi ruoli;

riti di rinforzo, che creano un'identità sociale più forte e incrementano lo status dei dipendenti;

riti di rinnovo, che consistono in attività di formazione e sviluppo volte a migliorare le conoscenze e le competenze dei dipendenti;

riti di integrazione, che creano legami e sentimenti positivi tra i dipendenti e ne incrementano la dedizione nei confronti dell'organizzazione.

Un altro aspetto importante della cultura sono le storie, cioè aneddoti basati su eventi realmente accaduti tratti dalla storia dell'organizzazione, che circolano con frequenza tra il personale e sono resi noti anche ai nuovi dipendenti, per fornire loro informazioni importanti sull'organizzazione, che contribuiscono a disegnarne l'immagine perché la loro morale concerne i valori centrali del gruppo.

Molte storie riguardano "eroi" aziendali

58 Riferimenti a Biggio, G., *Psicologia, organizzazioni e lavoro. Percorsi e sviluppi*, Roma 2007, pag. 53

(personaggi reali membri dell'organizzazione) che vengono assunti come modello da seguire; ad esempio, il racconto del direttore generale che chiese scusa ad un operaio, che serve al gruppo per rafforzare il valore di uguaglianza.[59]

Molto simili sono i miti, ossia le credenze collettive comuni, le rappresentazioni onnicomprensive non necessariamente legate alla storia reale dell'organizzazione. Spiegano le origini di qualcosa e assumono la forma di una credenza indiscussa circa i benefici che scaturiscono da certe pratiche e comportamenti senza che vi sia alcun riscontro pratico.[60]

Un altro strumento per interpretare la cultura sono i simboli, che servono a rendere concreti i valori in cui l'azienda crede. In un certo senso le cerimonie, le storie, gli slogan e i riti sono tutti simboli. Cohen[61] sostiene che essi sono oggetti, atti, rapporti o formazioni linguistiche che rappresentano in modo ambiguo una

59 Biggio, G., *Psicologia, organizzazioni e lavoro. Percorsi e sviluppi*, Roma 2007, pag. 52

60 Biggio, G., *Psicologia, organizzazioni e lavoro. Percorsi e sviluppi*, Roma 2007, pag. 52

61 antropologo sociale (Baghdad 1921); qui ci si riferisce a Cohen, Abner, *Urban Ethnicity*, Londra 1974

molteplicità di significati, evocano emozioni e spingono gli uomini ad agire.

Un altro modo per comprendere la cultura è vedere il linguaggio utilizzato. Molte aziende utilizzano modi di dire particolari, o slogan, o metafore per comunicare un pensiero o un'idea ai dipendenti, ponendo un'enfasi particolare su determinati aspetti. Questo modo di comunicare permette una comprensione più immediata e più duratura nella mente del dipendente.

La cultura organizzativa influenza tutte le azioni e i comportamenti aziendali, tutte le relazioni di scambio, di condivisione e di potere, poiché essa offre modelli affettivi ed emozionali comuni, definisce il senso di appartenenza delle persone ai valori e ai codici morali ed etici presenti in azienda, suscita l'identificazione nell'organizzazione definendo chi vi appartiene e chi no, definisce i confini aziendali, definisce le condizioni e le premesse di base da cui discendono le decisioni.

Par. 6 – Il mobbing

Bisogna per notare che la cultura non ha soltanto aspetti positivi, ma come ogni cosa ne contiene anche di negativi. A tal proposito può essere interessante affrontare il tema del mobbing: il mobbing è una forma di aggressione psicologica a morale su lavoro, esercitata e reiterata nel tempo, più o meno intenzionalmente, da uno o più aggressori per mezzo di azioni negative volte a spingere la persona nella condizione di non potersi difendere e a suo isolamento ed espulsione dal contesto socio-produttivo. Gli effetti negativi del mobbing agiscono sia sul benessere di lavoratori che sugli esiti organizzativi in termini di incremento di assenteismo e turnover del personale. Il mobbing può essere considerato parte della cultura aziendale in quelle organizzazioni in cui i soggetti sentono di avere il supporto o almeno l'implicita legittimazione dei pari e dei superiori ad esercitare comportamenti negativi. E' anche una forma di legittimazione indiretta del management aziendale, specie nel momento in cui non ci siano politiche di prevenzione e di intervento sul mobbing o non siano stabiliti interventi di punizione o recupero. [62]

Par. 7 – Cultura e culture

Tornando a parlare della cultura in generale, bisogna notare come essa non rappresenti un complesso monolitico; risulta sempre più corretto distinguere più culture in quanto derivazioni micro-culturali di un assetto più o meno determinato e sovradimensionato.

---

62 Biggio, G, *Psicologia, organizzazioni e lavoro. Percorsi e sviluppi*, Roma 2007, pp. 113-114

Esiste una cultura aziendale egemone dalla quale derivano culture minori: l'azienda è un sistema complesso composto da aree funzionali diverse con specifici obiettivi, all'interno delle quali operano persone con una formazione professionale omogenea rispetto al proprio gruppo, ma estremamente diversificata rispetto alle funzioni aziendali. Ne discende la formazione e lo sviluppo di sub-culture, all'interno della più generale *corporate culture*, che, pur se caratterizzate da un proprio sistema di valori, e molto spesso da uno specifico linguaggio, normalmente convivono in una situazione di equilibrio e di continuo interscambio, che permette al sistema di sopravvivere[63]. Chiaramente, la necessità di misurarsi con sottogruppi culturali diversi si presenta, con una maggiore problematicità, nelle aziende multinazionali, le quali agli aspetti citati (tipici di ogni organizzazione), aggiungono quelli di doversi inserire (e farsi accettare) in un contesto socioculturale diverso (si pensi per esempio, come casi estremi, alle aziende giapponesi presenti in Europa e negli Stati Uniti, oppure alle aziende occidentali con filiali nei Paesi dell'Est), nonché di trasferire i propri valori nella cultura del luogo, cercando di garantire

---

63 Nelli, Roberto Paolo, *La comunicazione interna nell'economia dell'azienda. Evoluzione, teoria, tecnica*, Milano 1994, pp. 128-129

l'omogeneità della *corporate culture* a livello internazionale.

Una sottocultura organizzativa è il sottoinsieme dei membri di una organizzazione che interagiscono regolarmente tra loro, si identificano come un gruppo distinto all'interno dell'organizzazione, condividono un insieme di problemi che vengono considerati comunemente problemi di tutti e agiscono abitualmente sulla base di schemi collettivi di comparazione specifici del gruppo[64].

Se è più facile riscontrare teorie unitarie durante la fase di fondazione delle organizzazioni, è anche vero che al crescere della dimensione è più probabile la formazione di gruppi che si distinguono per condividere dimensioni culturali proprie. Non necessariamente le sottoculture entrano in conflitto tra loro o con la cultura dominante: le sottoculture sono rafforzative, quando intensificano i sentimenti di partecipazione ai valori della cultura organizzativa principale; sono ortogonali, quando l'accettazione dei valori principali della cultura dominante non configge con l'adesione ad altri principi; sono controculture quando invece sostengono un

---

64 Van Maanen, John, e Barley, Stephen, *Cultural organizations: fragments of a theory*, Beverly Hills 1985, p. 160

sistema di valori alternativo rispetto a quello proposto dalla cultura organizzativa[65].

Come è ovvio, ogni organizzazione ha dei tratti propri, ed è diversa dalle altre, tuttavia non è detto che le varie culture (seppur differenti) non presentino punti in comune con altre, ed è proprio per questo che si possono individuare quattro idealtipi di cultura:

1. la cultura legittima;

la cultura efficiente;

la cultura tradizionale;

la cultura utilitaristica.

La cultura legittima, tipica dei contesti pubblici e istituzionali dalla difficile valutazione, ha come fonti norme e valori ambientali, si basa sull'ideologia e pone la sua attenzione sul sostegno esterno e la legittimità; i membri dell'organizzazione aderiscono ad essa per identificarsi, perché ricevono pressioni ideologiche o semplicemente per conformarsi agli altri. Le azioni sono coordinate da una regolamentazione normativa.

La cultura efficiente, tipica dei gruppi strutturalmente interdipendenti, controllati, ove le prestazioni sono direttamente valutabili, ha come fonti le richieste dei committenti rispetto

---

65 Gabassi, Pier Giorgio, *Psicologia del lavoro nelle organizzazioni,* Milano 2006, p. 64

alla prestazione, e si basa sull'adeguatezza della prestazione. L'attenzione è rivolta ai risultati, alle abilità professionali, alla pianificazione, al controllo. Gli individui aderiscono a questa cultura a causa delle sanzioni sociali e materiali, e le loro azioni sono coordinate da una teologia condivisa.

La cultura tradizionale ha come contesto caratteristico i gruppi con basso turnover, una lunga storia e molta interazione; è fondata sui valori, le credenze e le tradizioni dei membri, e la sua attenzione è tutta rivolta alla fiducia alla tradizione, all'impegno di lungo termine. Gli individui vi aderiscono perché la interiorizzano, e agiscono guidati da azioni drammaturgiche e comunicative.

La cultura utilitaristica, infine, è tipica dei gruppi piccoli ed eterogenei formati da individui che si incontrano regolarmente e che hanno interessi e fini reciproci. Si fonda sugli interessi personali dei membri, e la sua base di validità sono i contratti (psicologici e legali). L'attenzione è rivolta al conseguimento e all'equa ripartizione di ricompense e contributi, infatti l'adesione individuale è guidata dal calcolo delle conseguenze, e le azioni sono coordinate dall'interdipendenza degli interessi e dalle azioni strategiche.[66]

66 Gabassi, Pier Giorgio, *Psicologia del lavoro nelle organizzazioni,* Milano 2006, p. 69

Questa è solo una possibilità di classificazione della cultura, e ovviamente ce ne sono molte altre valide, che prendono in esame altri aspetti; per esempio, analizzando la cultura in base a due specifiche variabili, ossia il grado di flessibilità o stabilità richiesto dall'ambiente, e la misura in cui il focus strategico e i punti di forza sono interni o esterni, si individuano quattro tipologie di cultura aziendale: la cultura additiva, la cultura della missione, la cultura del clan e quella burocratica.

La cultura adattiva o imprenditoriale è caratterizzata da un focus strategico incentrato sull'ambiente esterno, di conseguenza c'è una forte flessibilità e un forte adattamento ai cambiamenti dell'ambiente esterno, al fine di soddisfare prontamente le esigenze dei clienti. Questa cultura incoraggia valori, norme e opinioni utili a supportare la capacità dell'organizzazione di rilevare, interpretare e tradurre i segnali provenienti dall'ambiente in nuove risposte di comportamento. Le aziende che adottano questo tipo di cultura non si limitano a rispondere velocemente al cambiamento, ma lo creano attivamente. L'innovazione, la creatività, i suggerimenti e l'assunzione di rischi sono valutati positivamente e adeguatamente ricompensati.

La cultura della missione è adottata dalle aziende che servono i clienti di un mercato specifico, ma senza la necessità di cambiamenti rapidi. E' caratterizzata da una particolare enfasi sulla definizione chiara dello scopo dell'organizzazione, e sul raggiungimento di determinati obiettivi, quali crescita del fatturato, redditività, quota di mercato, ecc... La responsabilità delle risorse umane sta nel raggiungere un certo livello di performance, conseguentemente l'organizzazione eroga in cambio una determinata ricompensa. I manager influenzano il comportamento dei dipendenti comunicando loro cosa vorrebbero dall'azienda per il futuro e, dal momento che l'ambiente è stabile, possono tradurre la visione in obiettivi misurabili e valutare le prestazioni dei dipendenti.

La cultura del clan si concentra principalmente sul coinvolgimento e sulla partecipazione dei membri dell'organizzazione, ed è solitamente adottata in presenza di un ambiente esterno in cui le aspettative cambiano rapidamente. Più di ogni altra cultura organizzativa, quella del clan concentra una forte attenzione sulle risorse umane, in quanto ritiene che possono essere raggiunte alte performance solo in presenza di dipendenti soddisfatti e motivati. In questo tipo di cultura un valore importante è quello di prendersi cura dei dipendenti e assicurarsi che dispongano di qualunque cosa essi abbiano bisogno, per aiutarli ad essere soddisfatti e dunque maggiormente produttivi. La cultura del clan ritiene che il coinvolgimento e la partecipazione dei dipendenti creino un senso di responsabilità e di appartenenza che porta un maggiore impegno nei confronti dell'organizzazione. In presenza di questa cultura la gerarchia si riduce, in quanto i dipendenti assumono un elevato impegno interiore nei confronti degli obiettivi aziendali, inoltre i rapporti sono fortemente permeati dalla fiducia e sono controllati dal principio di lealtà. L'adozione di un orientamento al clan nella gestione delle relazioni organizzative implica lo sviluppo di forme che facilitano l'identificazione negli obiettivi aziendali e nei valori distintivi dell'azienda. La cultura aziendale, con le sue ritualità, la sua storia, i suoi eroi, diventa un mezzo per costruire e rafforzare il contesto del clan.

La cultura burocratica ha un focus interno e un orientamento coerente con un ambiente stabile. Si adotta un approccio più metodico nelle attività di business; la tradizione e l'osservanza di politiche e prassi consolidate costituiscono il metodo per raggiungere gli obiettivi. Il coinvolgimento del personale è più basso rispetto alle altre culture analizzate, ma ciò è controbilanciato da un elevato livello di coerenza, di conformità e di collaborazione tra i membri. L'organizzazione che adotta questo tipo di cultura raggiunge il successo operando in modo integrato ed efficiente. Oggi però la maggior parte delle aziende ha abbandonato l'adozione della cultura burocratica, a causa dell'ambiente concorrenziale turbolento che richiede una forte flessibilità.[67]

Spiegato anche questo modello, credo sia opportuno sottolineare come classificare la cultura non sia soltanto un modo per studiarla meglio, ma anche per spiegare (e in misura meno ampia per prevedere) il comportamento delle organizzazioni.

Par. 8 – Il caso della DEC

Per capire meglio come la cultura possa spiegare il comportamento delle organizzazioni penso sia opportuno fare un esempio; la *Digital Equipent Corporation* (*DEC*) è una società che si presta perfettamente a questo scopo, perché tramite l'analisi della sua cultura organizzativa si può capire come mai essa sia diventata prima la seconda maggiore società di computer del mondo, e poi sia rapidamente declinata negli anni '90[68].

La DEC è stata la prima azienda ad introdurre l'informatica interattiva, e così è divenuta una

67 Cerica, R., *Cultura organizzativa e performance economico-finanziarie*, Firenze 2009, pp. 45-47

68 Schein, E., *Organizational Culture And Leadership - 3rd edition*, San Francisco 2004, p.39

produttrice di grande successo, inizialmente con ciò che poi è stato chiamato "mini computer", e poi con una sua intera linea di prodotti informatici. Si trovava principalmente nel nord-est degli Stati Uniti, ma aveva succursali in tutto il mondo, con oltre 100 mila dipendenti ed un fatturato di 14 miliardi di dollari. A metà degli anni '80 la società è diventata la seconda più grande produttrice di computer dopo l'IBM[69]; nel 1990 ha iniziato ad incontrare difficoltà e nel 1998 è stata venduta alla Compaq Corporation[70], che a sua volta nel 2001 è stata incorporata dalla Hewlett-Packard[71].

---

69 La *IBM* (*International Business Machines Corporation*) è la più grande azienda informatica del mondo, e anche una delle più antiche, con sedi in tutto il mondo ed imponenti quotazioni in borsa (*www-03.ibm.com*)

70 La Compaq Computer Corporation è una compagnia americana di computer fondata nel 1982 da R. Canion, J. Harris e B. Murto. Produsse alcuni dei primi computer compatibili IBM, e diventò una delle più grandi aziende de settore del mondo (en.wikipedia.org, novembre 2010)

71 Più comunemente nota come HP, è una multinazionale americana nel campo della tecnologia, con sede in California. E' una delle più grandi compagnie di informazione tecnologica, e opera in tutto il mondo. Nel 2009 ha avuto introiti

Per poter entrare in uno dei molti edifici della DEC ci si doveva identificare con una guardia che stava seduta dietro ad un bancone, dove c'erano in genere anche molte persone che parlavano, uscivano ed entravano, controllando i cartellini dei dipendenti che entravano nella costruzione, accettando mail e rispondendo alle chiamate. Una volta che si aveva accesso, si attendeva in una piccola stanza arredata casualmente, finché qualcuno arrivava personalmente a ricevere il visitatore oppure una segretaria accompagnava il suddetto a destinazione.

Abiti e costumi erano molto informali, l'ambiente era dinamico, si percepiva ovunque un senso di rapidità e un elevato tasso di interazione tra i dipendenti, che sembravano riflettere entusiasmo, intensità, energia ed impazienza. C'erano pochissime porte, i corridoi e le sale conferenza erano *open office*[72]. La mensa aziendale era in una grande

per 115 bilioni di dollari (en.wikipedia.org, novembre 2010).

72 Si parla di architettura *open office* quando in un vano di dimensioni notevoli vengono applicati "tramezzi", o meglio dire barriere, tra una scrivania ed un'altra lavorando così tutti nello steso ambiente. Questa tecnica di costruzione è stata studiata ed utilizzata per la prima volta nel 1940 da *Frank Lloyd Wright* con il progetto *Lirkin*

area aperta dove le persone sedevano su grandi tavoli ed erano intensamente coinvolti nel loro lavoro anche a pranzo. Sparsi per gli edifici c'erano molti scomparti con macchine da caffè e frigoriferi, e il cibo era presente nella maggior parte delle riunioni. I mobili erano molto economici e funzionali. Tutto ciò, compreso anche l'abbigliamento informale della maggior parte dei dirigenti e dipendenti, mette in evidenza i grande senso di economia ed egualitarismo che pervadeva la società.

Le riunioni periodiche dei dirigenti erano caratterizzate da un forte confronto interpersonale, argomentazioni incalzanti e polemiche. I membri del gruppo, durante le riunioni, erano estremamente emotivi ed agguerriti, anche se queste ostilità scomparivano del tutto al di fuori delle riunioni.

Ad eccezione del presidente e fondatore Ken Olsen, pochissime persone avevano uno status riconoscibile. Lo stesso Olsen, con il suo comportamento informale, sembrava non tenesse troppo in considerazione il suo potere. I membri del gruppo argomentavano con lui tanto quanto con gli altri dipendenti. Lo status di Olsen diventava più manifesto nelle occasionali lezioni che teneva al gruppo

Building a *New York* (informazioni avute da Ciambella Daniele, studente di architettura all'*Università La Sapienza* di Roma, ottobre 2010)

quando sentiva che i membri non avevano capito o erano in torto su qualcosa. Le riunioni erano molto importanti, e all'interno di esse il livello di scontro che c'era; i dipendenti sostenevano che senza questi comitati non potevano svolgere correttamente il loro lavoro.

La società aveva una grande rete di posta elettronica collegata a tutto il mondo, ingegneri e manager viaggiavano spesso ed erano costantemente in comunicazione telefonica tra loro; Olsen si arrabbiava molto se osservava episodi di cattiva comunicazione.

Per quanto riguarda i valori, era data molta importanza alla responsabilità personale. Se qualcuno proponeva di fare qualcosa, e quel qualcosa veniva approvato, egli aveva il preciso dovere di farlo, o, se ciò non era possibile, di tornare e rinegoziare. I dipendenti avevano il dovere di fare la cosa giusta, anche se ciò significava insubordinazione: vigeva la "legge" che se il capo ordinava di fare qualcosa che il dipendente riteneva sbagliata o stupida, doveva fare marcia indietro e convincere il capo a cambiare idea, e se egli non avesse desistito, non si doveva fare la cosa ordinata ed opporsi con tenacia, ottenendo così grande rispetto per aver difeso le proprie convinzioni. Dato che i capi conoscevano bene questa regola, ovviamente le probabilità di emettere ordini arbitrari erano molto basse. Proprio per questo l'insubordinazione era raramente necessaria, ma il principio de "fare la cosa giusta" era comunque molto forte.

Si doveva essere molto individualisti e, allo stesso tempo, fare volentieri il gioco di squadra; si aveva la sensazione che i comitati fossero in un certo senso una perdita di tempo, ma non si poteva proprio fare a meno di loro. Per pervenire ad una decisione ed ottenerne l'accettazione, si doveva convincere gli altri della validità della propria idea ed essere in grado di difendersi contro ogni possibile argomento. Questo ha causato gli alti livelli di confronto e la lotta tipici dei gruppi, ma una volta che l'idea sopravviveva alla discussione poteva essere attuata, perché tutti erano ormai convinti che era la cosa giusta da fare. Tutto ciò richiedeva più tempo del normale per raggiungere una decisione approvata, ma poi comportava una maggiore rapidità e coerenza d'azione.

Se in qualche livello della gerarchia la decisione si bloccava perché qualcuno non era convinto che fosse "la cosa giusta da fare", quella persona doveva essere ascoltata, e o veniva convinta oppure la decisione doveva essere rinegoziata lungo la gerarchia.

Un'altra cosa importante era che il ruolo del boss era quello di fissare gli obiettivi di massima, e poi i subordinati dovevano prendere l'iniziativa e capire quale fosse il modo migliore per raggiungerli. Questo processo portava spesso a spreco di tempo, ma ognuno difendeva il valore del fare le cose in questo modo, anche se ciò in seguito ha creato difficoltà alla DEC.

Le persone litigavano aspramente nelle riunioni, anche se erano ottime amiche. C'era la sensazione di essere un gruppo "a maglie strette", una sorta di famiglia allargata sotto un padre forte, Ken Olsen, che teneva sempre a mente che dibattere non significava mancarsi di rispetto. Le persone non erano ai criticate alle spalle; Olsen spesso criticava in pubblico i dipendenti, mettendoli in imbarazzo, ma lo faceva solo per spronare quelle persone a migliorare le proprie performance.

Quando i manager parlavano dei loro prodotti sottolineavano qualità ed eleganza. L'azienda era stata fondata da ingegneri ed era dominata da una mentalità ingegneristica; infatti i nuovi prodotti proposti erano giudicati infatti dal punto di vista tecnico e non tramite indagini di mercato o prove sul mercato. Proprio per questo i clienti erano trattati in maniera piuttosto disprezzante, in particolare quella fascia che non possedeva conoscenze tali da poter apprezzare l'eleganza e le qualità tecniche del prodotto progettato.

Lo stesso Olsen sottolineava l'integrità nella produzione e nella progettazione. L'azienda era vista come altamente etica ed il lavoro era connesso all'etica protestante, secondo cui onestà, duro lavoro, elevati standard di moralità del personale, professionalità, responsabilità personale, integrità ed onestà erano valori immancabili.

Il gruppo fondatore, in virtù del suo bagaglio di ingegneria, fu molto individualistico e pragmatico nel suo orientamento. Aveva sviluppato un sistema di *problem solving* e un processo decisionale basato su cinque ipotesi di collegamento:

1. l'individuo è la principale fonte di idee e di spirito imprenditoriale;

gli individui sono in grado di assumersi responsabilità e fare la cosa giusta;

3. nessun individuo è abbastanza intelligente per valutare le proprie idee personali, dunque dovrebbe spingersi indietro e farsi aiutare dal gruppo;

4. il presupposto centrale: il lavoro di base della società è l'innovazione tecnologica e tale lavoro deve sempre essere "divertente".

Senza prima capire questi quattro presupposti, non si può decifrare il comportamento prima descritto, specialmente per l'apparente incongruenza tra grande individualismo e intenso impegno al lavoro di gruppo e consenso. Allo stesso modo, non si può capire perché ci fosse contemporaneamente intenso conflitto (anche con le autorità principali), insubordinazione, ed intensa lealtà per l'organizzazione, affetto personale attraverso i confini gerarchici, senza comprendere il collegamento con un quinto assunto: l'organizzazione è una famiglia i cui membri si prendono cura gli uni degli altri (ossia: non importa quanto uno abbia avuto peso nella decisione, non può essere escluso dal gruppo).

Questi cinque assunti riflettono alcune convinzioni di gruppo e valori relativi a clienti e marketing:

1. l'unico modo valido per vendere un prodotto è quello di scoprire il problema del cliente e risolverlo, anche se questo significa vendere meno o mettere in buona luce un'altra azienda;

le persone possono e devono assumersi la responsabilità di ciò che fanno, e continuare ad agire responsabilmente nonostante tutto;

il mercato è il miglior *decision maker* se ci sono diversi contendenti del prodotto (la competizione interna era vista come auspicabile).

anche se la società diventa molto grande e differenziata, è comunque opportuno mantenere un certo controllo centrale piuttosto;

gli ingegneri DEC conoscono bene ciò che è un buon prodotto.

Tutti questi assunti possono essere considerati come il DNA culturale dell'organizzazione. I singoli assunti non possono spiegare il comportamento dell'organizzazione, ma se vengono analizzati tutti insieme, considerando le loro interazioni, allora il quadro diventa chiaro, ed è chiaro il motivo dell'organizzazione e la sua capacità di superare le sfide interne ed esterne.[73]

Apro una piccola parentesi: ho descritto soltanto alcuni elementi del "DNA aziendale", e non si deve presumere che questi paradigmi descrivano l'intera cultura, nè si deve supporre che certi paradigmi siano operativi in ogni parte dell'organizzazione. La generalità delle ipotesi è qualcosa che va studiato e determinato empiricamente: le ipotesi che ho descritto poc'anzi sono state dedotte da Schein attraverso lo studio di alcune anomalie all'interno dell'organizzazione, osservando gli artefatti visibili, le credenze sposate e i valori.

73 Schein, E.H., *Organizational Culture And Leadership - 3rd edition*, San Francisco 2004, pp. 39-49

Quando qualcosa non era chiara, è stata indagata con più determinazione (questo metodo di studio si chiama ricerca clinica).

La DEC ha avuto successo nel suo ambiente tecnologico, economico e culturale per lungo tempo, ma poi ha sperimentato dei cambiamenti ambientali che hanno portato alla sua scomparsa come entità economica indipendente. La forte influenza di Olsen, ossia del dirigente apicale, è stata evidente. Gli assunti culturali avevano le loro radici nell'esperienza del primo periodo dei gruppi e nel modello di successi ed insuccessi riscontrato dalla società. Col passare del tempo, l'azienda era alle prese con esigenze ambientali sempre più mutevoli e con la questione del se e come far evolvere o modificare il proprio operato abituale, ma tutto questo è stato visto come riaffermazione di porzioni della cultura esistente, e non come variazione della cultura originaria. Anche se la società stava evolvendo, continuava a rimanere ancorata alla propria cultura di origine, conservandola a tutti i costi e valorizzandola[74].

Il fallimento della DEC, per esempio, tra le altre cause è dovuto anche al fatto che i dipendenti erano impegnati in una continua

74 Schein, E.H., *Organizational Culture And Leadership - 3rd edition*, San Francisco 2004, pp. 60-61

innovazione tecnologica, ma non riflettevano sul fatto che la loro organizzazione stava creando una competizione interna distruttiva. La DEC, anno dopo anno, ha sempre continuato ad utilizzare lo stesso metodo di decisione basato sul dibattito, senza pensare al fatto che questo modo di fare "combattivo" potesse funzionare soltanto a livello interindividuale. Dato che il dibattito era diventato di gruppo, la verità ha iniziato ad essere compromessa in favore della necessità di tutelare le persone ed evitare esclusioni[75].

La DEC mancava inoltre di adattabilità economica, perché costretta in una struttura autarchica e priva di brillanti "start up" da cui poter trarre tecnologie innovative o nuovi modelli organizzativi. Con le nuove condizioni del mercato che si affacciavano negli anni '80 e il forte sviluppo e rivoluzione organizzativa della *Silicon Valley*[76], la *Digital Equipment*

75 Schein, E.H., *Organizational Culture And Leadership - 3rd edition*, San Francisco 2004, pag. 395

76 Area industriale americana, oggi sede di un terzo delle 100 maggiori società di tecnologia create negli Stati Uniti dal 1965, considerata negli anni '80 l'"antagonista industriale" della Route 128, area dove invece era la DEC; l'ho citata per sottolineare il contrasto tra lo sviluppo e la rivoluzione organizzativa di questa area, e la difficoltà a riorganizzarsi delle maggiori aziende

rimase pian piano schiacciata dalla concorrenza[77].

Cap. 3 – Un caso di analisi culturale all'interno di un ente pubblico

Par. 1 – Un metodo di ricerca composito

A marzo 2011 ho iniziato ad operare all'interno di un ente pubblico, l'Università Agraria di Tarquinia, al fine di indagarne la cultura e mostrare gli elementi di forza e quelli di disagio interni ad una realtà a me molto vicina[78].

Nello svolgere la mia attività di indagine ho utilizzato una disciplina "triangolare", ossia un metodo personale che fonde insieme aspetti

---

della Route 128 (Saxenian, Annalee, *Il vantaggio compeitivo dei sistemi locali nell'era della globalizzazione - Cultura e competizione nella Silicon Valley e nella Route 128*, Milano 2002, pp. 18, 49, 165)

77 Saxenian, Annalee, *Il vantaggio compeitivo dei sistemi locali nell'era della globalizzazione - Cultura e competizione nella Silicon Valley e nella Route 128*, Milano 2002, pag. 165

78 Ho svolto la mia ricerca ispirandomi liberamente alle osservazioni di Edgar Schein alla DEC (per i riferimenti, vedi note del cap. 2 par. 6), di Giuliano Mazzoleni al Comune di Bergamo (Mazzoleni, *La modernizzazione difficile. Formazione e cambiamento nel management di un ente locale*, Milano 2003) e di Gianluca Biggio in una piccola azienda privata (Biggio, *Counselling, metodi ed applicazioni*, Roma 2005, pp. 101-114).

sia della ricerca neopositivista[79] che di quella interpretativista[80]: ispirandomi alla prima ho strutturato l'analisi in fasi logiche, ho tentato di manipolare qualche situazione ed in alcuni casi ho adottato un punto di vista esterno, asettico e distaccato; prendendo spunto dalla seconda mi sono immersa nella realtà dei soggetti, cercando talvolta di sviluppare relazioni di immedesimazione empatica, dando un grande rilievo al contatto fisico e dunque concependo come essenziale il soggetto studiato, e nello svolgersi della ricerca ho apportato piccole modifiche al cammino che mi ero prefissata di

79 La ricerca quantitativa o neopositivista è una metodologia basata sull'organizzazione sistematica dei dati dell'esperienza (Salvatore, *Modelli della conoscenza ed agire psicologico*, in *Rivista di Psicologia Clinica*, n. 2/3 - 2006, pag. 123); si muove secondo una impostazione sostanzialmente deduttiva (la teoria precede l'osservazione) che si colloca nel "contesto della giustificazione": cerca cioè sostegno alla teoria attraverso i dati empirici (Daher, *Appunti di metodologia della ricerca sociologica*, su www.fmag.unict.it, pag. 7, luglio 2011)

80 La ricerca qualitativa o interpretativista vede elaborazione teorica e ricerca empirica procedere intrecciate, perché la formulazione iniziale di una teoria costituisce un possibile condizionamento che potrebbe inibirgli la capacità di comprendere il soggetto studiato. Il concetto è solo orientativo (*sensitizing concept*), e non riduce la realtà stessa in variabili astratte. Il ricercatore qualitativo si immerge il più completamente possibile nella realtà del soggetto e quindi tende a sviluppare con i soggetti una relazione di immedesimazione empatica (Corbetta, *Metodologia e Tecniche della Ricerca Sociale*, Bologna 1999).

intraprendere. Anche in fase di rilevazione ho giocato mescolando i due modelli: se, da una parte, ho prepensato il mio schema di ricerca e preparato domande e quesiti al di fuori dell'organizzazione, basandomi solo sulla teoria studiata, dall'altro ho scelto di approfondire le informazioni a livelli differenti a seconda della convenienza del momento, cercando di raccogliere dati il più possibile ricchi e profondi, e modellando in qualche punto la struttura di osservazione per aggirare gli imprevisti. Se è vero che, in linea con la teoria interpretativista, ho scelto di ridurre i casi analizzati per potergli dedicare un approfondimento maggiore, è anche vero che non ho disdegnato piccole generalizzazioni e schemi riassuntivi chiari ed asettici tipici del neopositivismo[81].

Par. 2 – L'ente Università Agraria.

L'Università Agraria di Tarquinia è un Ente pubblico con personalità giuridica riconosciuta sin dal 1894[82]. Le sue origini vanno ricercate in

---

81 Per svolgere la ricerca ho seguito metodi e tecniche studiati su Corbetta, *Metodologia e Tecniche della Ricerca Sociale*, Bologna 1999.

82 L'Università agraria è una forma di proprietà collettiva dei terreni agricoli tramandata da istituzioni di diritto agrario italiano preunitario. Le leggi che regolano le Università Agrarie sono: l. 5489/1888; l. 397/1894 (Boselli); l. 1766/1927; l. 1766/1927; l. 278/1957 (*Costituzione dei Comitati Frazionali per l'Amministrazione separata dei beni di uso*

quella che nel tardo medioevo italiano era la realtà delle Arti e delle Corporazioni. L'Ente ha come scopo la valorizzazione degli aspetti storico-tradizionali e culturali della cittadina, e per questo si occupa non soltanto dell'amministrazione di una cospicua parte dei terreni agricoli di Tarquinia (tramite concessioni e gestioni dirette), ma anche dell'organizzazione di kermesse culturali e di iniziative di interesse storico ed eno-gastronomico.

Dal punto di vista organizzativo l'Università Agraria è composta da una sfera politica, scelta ogni 5 anni dai cittadini con libere elezioni, e da una sfera amministrativa, composta da personale tecnico, addetti all'area finanziaria e mansioni caratterizzate da relazioni col pubblico. L'organo decisivo coincide con la sfera politica, che vede a capo il presidente Alessandro Antonelli, attualmente al suo secondo mandato nell'ente, e che per il resto è formata da un vicepresidente, 5 assessori ed un Consiglio di Amministrazione formato da un presidente, 11 consiglieri di maggioranza e 8 di minoranza; questi soggetti operano non soltanto direttamente, ma anche attraverso quattro Commissioni Consiliari ed una Conferenza dei capi-gruppo. La parte amministrativa è composta di un ufficio tecnico, un ufficio segreteria - affari generali,

civico).

un ufficio centro aziendale, un ufficio finanziario e del personale ed infine uno preposto alle relazioni con il pubblico[83].

Par. 3 – La prima fase dell'analisi culturale

L' approccio iniziale con l'organizzazione è stato molto positivo: il mio progetto di analisi culturale è stato accolto in maniera entusiastica dal presidente, che ha messo subito a disposizione delle mie esigenze un'impiegata e che ha voluto che spiegassi ad un assessore tutti i dettagli del mio lavoro. L'indomani dell'incontro ho iniziato la mia analisi, effettuando per svariati giorni osservazioni asettiche del personale[84]: mentre gli impiegati svolgevano le loro mansioni, io registravo comportamenti, dinamiche relazionali orizzontali (tra colleghi di uno

---

83 Per maggiori informazioni vedere il sito istituzionale dell'ente, *www.agrariatarquinia.it*

84 Per le mie osservazioni ho preso spunto non dalla *action research* di *Kurt Lewin*, ma dai paradigmi della stessa: per *Lewin* per analizzare una organizzazione sono necessari occhi ed orecchie sociali nei punti nevralgici e all'interno degli organismi. Gli osservatori sociali devono effettuare una percezione sociale attiva, perché si occupano di fenomeni che non possono essere studiati senza interagire con essi (*it.wikipedia.org*, marzo 2011). Ecco perché le mie osservazioni pian piano sono diventate sempre più intrusive. Nel modo di pormi ho seguito invece i dettami del manuale di *Corbetta* (per rif. Vedi nota 75), vestendomi in maniera neutrale, cercando di non far percepire agli impiegati le mie opinioni ed aspettative, limitando al massimo la mia influenza sui loro comportamenti.

stesso ufficio) e verticali (tra impiegati di diverso grado), stati d'animo, utilizzo del tempo, funzionalità della struttura.

Se nei primi giorni le mie relazioni sono risultate pienamente oggettive e distaccate dall'anima del personale, proseguendo col tempo alcuni impiegati hanno iniziato ad aprirsi nei miei confronti e a palesarmi tutti i loro elementi di disagio, le proprie insicurezze ed insoddisfazioni. Se, quando sono entrata per la prima volta negli uffici, l'immagine che ho percepito era quella di una organizzazione standard sul modello comunale, una frequentazione assidua ha portato invece all'emersione di aspetti più profondi: compreso che non ero una minaccia, che il mio ruolo non era né giudicare il loro operato né sindacare sulla bravura di ognuno, gli impiegati hanno iniziato a mostrarmi le vere dinamiche di ufficio, la vita di tutti i giorni, i loro vanti e le loro insicurezze, trattandomi quasi come una addetta ai lavori, ma col pregio di rimanere neutrale. Questo ha fatto sì che le osservazioni sul campo costituissero lo zoccolo duro della mia ricerca, il momento di maggiore approfondimento delle dinamiche culturali. Da esse è emerso che:

1. L'organizzazione degli spazi ricalca la gerarchia interna: al primo piano abbiamo i dipendenti di livello più basso, al piano

centrale l'ufficio tecnico e i dipendenti di livello superiore, all'ultimo piano ci sono gli uffici del vertice politico e i dipendenti che ne eseguono direttamente gli ordini. Anche la disposizione delle locandine degli eventi promossi dall'ente e l'arredamento confermano la differente importanza dei vari spazi della struttura.

Arredamento degli uffici, vestiario e modi di lavoro indicano come principi lavorativi cardine la praticità e la comodità; l'arredamento moderno ed ergonomico è anche un chiaro segnale del vivo interesse della leadership politica per la qualità del lavoro.

La formalità dei dipendenti (modi di lavoro, linguaggio, abbigliamento, cooperazione) aumenta man mano che si sale nella struttura.

Ogni atto pubblico dell'ente è volto a sottolineare il legame dello stesso con la propria terra, le proprie origini storiche e culturali; tuttavia, i dipendenti conoscono solo a linee molto approssimative quella che è la storia dell'ente, e manca un vero e proprio archivio storico.

Il clima interno a livello orizzontale è mediamente cooperativo ed amichevole; nel rapporto con i superiori amministrativi si notano attriti e malcontento, ed è evidente l'esistenza di stress; il rapporto con il vertice politico è debole, più lontano rispetto a quello col leader amministrativo, ma di profondo rispetto; i dettami del Presidente sono percepiti quasi come "sacri ed inviolabili".

Tutti i dipendenti sono d'accordo sul fatto che le cose potrebbero funzionare meglio, ma nei fatti agiscono come se niente fosse, sia per rassegnazione che per sfiducia nei cambiamenti.

Il tempo è molto rallentato rispetto ad una normale azienda: si lavora con calma, ci si concede frequenti pause. Il ritmo di lavoro aumenta vistosamente in presenza dei superiori.

L'ente è estremamente aperto alle collaborazioni con l'esterno e agli utenti, che sono percepiti come parte integrante e scopo primario del proprio lavoro; verso di loro c'è moltissima disponibilità e gentilezza, ma anche poco rispetto della privacy.

I dipendenti non mancano di utilizzare il proprio tempo di lavoro e gli strumenti dell'ente per propri fini personali che esulano dall'ambito lavorativo.

Alla luce di questi punti, credo sia d'obbligo approfondire almeno su un aspetto: il fattore stress. Lo stress legato all'attività lavorativa[85]

---

85 Lo stress non è una malattia, ma può causare problemi di salute mentale e fisica (come ad esempio depressione, esaurimento nervoso e cardiopatie) se si manifesta con

si manifesta quando le richieste dell'ambiente di lavoro superano la capacità del lavoratore di affrontarle (o controllarle).[86] Nel caso dell'Università Agraria le sue cause sono da ricercare:

1. nel poco sostegno da parte dei colleghi (con cui ci sono buone relazioni, ma strettamente legate alle mansioni svolte, dunque buone relazioni lavorative ma scarse relazioni amicali)[87], e nell'assenza

---

intensità per periodi prolungati. Lavorare sotto una certa pressione può migliorare le prestazioni e dare soddisfazione quando si raggiungono obiettivi impegnativi. Al contrario, quando le richieste e la pressione diventano eccessive, causano stress. Lo stress può essere provocato da problemi sul lavoro o in altri ambiti, oppure da entrambi.

86 Per questa parte sullo stress ho tratto informazioni e costruito la mia analisi dalle seguenti fonti: Commissione europea, Direzione generale Occupazione e Affari sociali, Unità D.6, *Guida sullo stress legato all'attività lavorativa: sale della vita o veleno mortale?*, 1999; articolo della *European Agency for Safety and Health at Work* su *osha.europa.eu* (luglio 2011): *www.psyjob.it* (luglio 2011).

87 A tal proposito è opportuno fare qualche considerazione accessoria. Nell'amministrazione dell'ente operano, in linea di massima, le stesse persone da più di 10 anni; questi individui trascinano nel loro vissuto la scarsa attenzione per l'accoglienza del luogo di lavoro che vigeva fino a 6-7 anni fa, e che li ha portati a sentirlo freddo e ostile, distaccandosene emotivamente e relegandolo a "luogo di pena". In quest'ottica di segregazione il collega non è un amico, ma un compagno di prigionia, sospetto e potenzialmente dannoso, apparentemente motivato dal desiderio di emarginarci o sottrarci la carriera, ma in realtà

totale dello stesso da parte dei responsabili;

2. dall'atmosfera sfavorevole: il proprio lavoro non è sentito come apprezzato dai superiori, ed inoltre si avverte una sensazione costante di pressione a fare di più;

dalla mancanza di controllo: l'impiegato si sente totalmente escluso dal processo decisionale.

3. dal *mobbing*verticale[88]: il superiore non

sintomo della nostra incapacità di comunicare con l'altro e di socializzare. L'ufficio diventa il luogo privilegiato di proiezioni di confitti con l'autorità mai risolti e di contrasti con le figure genitoriali e parentali. Nel momento in cui, 6-7 anni fa, si è posta la giusta attenzione per l'accoglienza della struttura, è rimasto però fortemente gravante il peso dell'ostilità del superiore, e dunque l'apertura dei colleghi alle relazioni orizzontali non è riuscita a migliorare più di tanto. (Pratesi, A., *Capire ciò che accade attorno a noi. Riflessioni sulla formazione del clima organizzativo nelle aziende*, da www.ilcounseling.it, luglio 2011).

88 Il mobbing verticale è un insieme di vessazioni ripetute nel tempo esercitate da una persona (anche assieme a dei collaboratori) che ha una posizione gerarchica superiore rispetto alla vittima. Per poter parlare di mobbing servono 4 presupposti, tutti abbastanza presenti nel contesto dell'Università Agraria: un'azione vessatoria, di aggressione morale o psicologica, esercitata sul luogo di lavoro verso individui in esso operanti; la volontà nell'esercizio di una vessazione da parte del soggetto superiore; un rilevante periodo di tempo; un danno psico-fisico nel mobizzato. Nel caso dell'ente inoltre le forme persecutive tipiche del

perde occasione di sgridare i sottoposti, di rivolgersi verso di loro con modi bruschi e critiche, facendo sentire i sottoposti insultati ed offesi;

4. dal fatto che non si è incoraggiati a sviluppare le proprie abilità perché non si ripone fiducia nel sistema di avanzamento in carriera ed in quello di valutazione.

Questo stress lavoro-correlato si manifesta:

1. a livello organizzativo nell'assenteismo[89] degli impiegati (talvolta ingiustificato, talvolta causato da problemi come indebolimento del sistema immunitario e disturbi cardiaci[90]) e nel loro evadere

---

mobbing non sono immediatamente individuabili, ma sono più sofisticate, concernendo atteggiamenti che rendono difficile la vita sul luogo di lavoro, critiche reiterate e continue sull'operato, ecc... (AA.VV., *Il mobbing questo (s)conosciuto. Cosa è, perché e come intervenire*, Bologna 2004, pp. 39-40)

89 In Unione Europea dal 50% al 60% dell'assenteismo è riconducibile allo stress nell'ambiente di lavoro (www.salute.gov.it, luglio 2011); questa correlazione è stata confermata anche da alcune stime oltreoceano, per le quali circa la metà dell'assenteismo, negli Stati Uniti, risulta collegato a stati di stress (Elkin, Rosch, *Promoting mental health in the workplace: The prevention side of stress management*, in *Occupational Medicine: State of the Art Review*, n 5, Philadelphia 1990, pp. 739-754);

90 Recenti ricerche hanno evidenziato come la psiche e i grandi sistemi biologici (ormonale, nervoso, immunitario), lavorino in sinergia influenzandosi a vicenda grazie a

spesso dall'ufficio con varie scuse (prendere un caffè al bar, fumare, ecc...);

2. a livello individuale in malesseri fisici (vedere quanto detto per l'assenteismo), reazioni cognitive (difficoltà di ricordare) ed emotive (irritabilità, ansia, depressione, alienazione, problemi nelle relazioni familiari).

Par. 4 – Questionari ed interviste

La seconda parte della mia analisi ha avuto come strumento principe dei questionari da 39 *items*[91] con 5 possibili risposte chiuse. Per la loro costruzione ho utilizzato, nell'ambito della

---

numerose vie di comunicazione bidirezionali, rappresentate sia dai nervi, sia da numerose sostanze prodotte e riconosciute dalle cellule. Per esempio, le cellule del sistema immunitario non agiscono di loro iniziativa, ma rispondono a precisi ordini del cervello ricevuti mediante specifici recettori per le sostanze prodotte dal sistema nervoso. I segnali neuroendocrini del cervello riflettono lo stato emotivo, ergo: le reazioni immunitarie sono il risultato dello stato emotivo (www.mednat.org, luglio 2011). Riguardo i disturbi cardiaci, basti far presente che secondo stime del 2002 le malattie cardiovascolari nell'UE sono dovute allo stress per il 16% negli uomini e per il 22% nelle donne (www.salute.gov.it, luglio 2011).

91 L'*item è* una affermazione che esprime un atteggiamento rispetto ad uno specifico oggetto (it.wikipedia.org, luglio 2011)

tecnica delle scale[92], la scala additiva di Likert[93], ritenendola adatta alle mie esigenze in quanto estremamente semplice e chiara. Per agevolare l'interpretazione e la classificazione dei dati, parallelamente ai questionari ho anche effettuato alcune interviste su altri soggetti appartenenti all'ente, in cui ho trattato gli stessi temi del questionario, ma in maniera un po' differente, in modo da lasciare una maggiore possibilità di espressione agli intervistati.

Alcuni dati rispecchiano pienamente quanto già emerso dalle osservazioni: per esempio, il

92 Lo *scaling*, o tecnica delle scale, è un metodo di misurazione degli atteggiamenti attraverso le opinioni. Dal concetto generale (l'atteggiamento, il valore, il bisogno, ecc... , insomma, dimensioni latenti) si traggono concetti specifici (opinioni, ossia espressioni empiricamente rilevabili di un atteggiamento). Opera per mezzo di batterie di domande, cioè insiemi di domande formulate allo stesso modo e presentate in un unico blocco (per rif. vedi nota 75) .

93 La *scala di Likert*, o scala additiva, è una scala unidimensionale ideata da *Rensis Likert*, uno dei più importanti studiosi del comportamento umano e delle organizzazioni esponente del cosiddetto approccio comportamentale (*www.manageronline.it*, luglio 2011). E' un metodo di misura degli atteggiamenti più semplice e rapido rispetto ad altre scale simili; consiste nel mettere a punto un certo numero di affermazioni che esprimono un atteggiamento positivo e negativo rispetto ad uno specifico oggetto. La somma di tali giudizi delineerà in modo ragionevolmente preciso l'atteggiamento del soggetto nei confronti dell'oggetto (*it.wikipedia.org*, luglio 2011; per maggiori informazioni vedere *www.socialresearchmetods.net*)

rapporto negativo con i superiori risulta scontato, alla luce di quanto detto in precedenza; la mancanza di meritocrazia è espressa, tra le altre cose, anche dai comportamenti rassegnati di alcuni dipendenti.

Il fatto che la comunicazione interna non circoli come dovrebbe rispecchia ancora una volta la negatività del rapporto con i superiori e la mancanza di vere e proprie relazioni amicali salde tra colleghi; essendo la comunicazione uno strumento di collegamento e relazione, prima ancora che di lavoro, se il rapporto tra le persone non è positivo anche la comunicazione ne risente.

La poca immedesimazione con l'ente dipende in parte proprio dal rapporto negativo con i superiori amministrativi, che vengono implicitamente identificati con l'organizzazione, ed in questo modo causano un rigetto affettivo verso l'ente: il disagio ed il malcontento causati dalle relazioni verticali, protraendosi per lungo tempo, si "istituzionalizzano", divenendo un male inevitabile, qualcosa di abitualmente insito nella vita organizzativa, e dunque parte integrante di questa; ma se nell'Ente c'è un elemento di disagio, la relazione affettiva col posto di lavoro diventa problematica, infelice, e dunque si tende ad arginarla, a separarla dalla propria vita.

Se è vero che c'è poca identificazione con

l'azienda, è tuttavia indiscutibile l'ammirazione per l'ente e l'essere orgogliosi di farne parte. Questa verità, apparentemente contraddittoria, è in realtà facilmente spiegabile: il rapporto intimo, personale, affettivo con l'organizzazione è compromesso dalle disagevoli relazioni interpersonali, ma l'immagine globale dell'organizzazione, quella "vista dall'esterno", oggettiva e non soggettiva, non ha ragione di essere percepita come negativa, e questo principalmente perché:

1. si tratta di un Ente che opera per il pubblico, il cui interesse coincide con gli interessi della collettività, che agisce soprattutto per preservare i fattori economici e culturali della cittadina: si fa dunque un lavoro utile al prossimo, assolutamente non parassitario, e ben visto dal pubblico;

2. è un'organizzazione antica, le cui tracce sono ravvisabili sin dal medioevo, ed è parte integrante ed imprescindibile della storia tarquiniese: si ha l'idea di lavorare per una istituzione con un prezioso e prestigioso bagaglio sulle spalle, di portare avanti una tradizione.

Rimanendo in tema di pubblico, il rapporto con esso è prevalentemente positivo proprio perché è visto come fonte di legittimazione del proprio operato, e dunque origine di gratificazione. Per i membri delle organizzazioni è fondamentale trovare nel proprio lavoro fattori positivi, che portino ad un auto giudizio favorevole delle proprie prestazioni, che facciano sentire utili e bravi; in questa organizzazione gli impiegati non trovano gratificazione dall'alto, e dunque la vanno a cercare verso l'esterno, trovandola nei cittadini, che sono l'elemento che collega quest'ultimo con l'Ente.

Il sistema valutativo è giudicato disastroso principalmente per due motivi: l'Ente è pubblico, e nel settore pubblico è quasi normale non disporre di strumenti valutativi efficaci; chi dovrebbe valutare (i superiori) è concepito come portatore di preconcetti circa i subordinati ("*se mi tratta male mi considera inadeguato o inefficiente*"). La valutazione è temuta proprio perché proveniente dall'alto.

Par. 5 – Altri aspetti

La mia indagine culturale ha trovato compimento con l'analisi di alcuni numeri del mensile "Il Municipale"[94], con l'ascolto delle opinioni del pubblico all'interno dell'ente e con una intervista ad un ex consigliere, che mi hanno portato a guardare l'organizzazione anche dal punto di vista politico e globale. L'immagine che l'azienda mostra all'esterno è

---

94 Giornale ufficiale di Tarquinia, Tuscania ed Università Agraria di Tarquinia.

improntata sulle seguenti caratteristiche:

1. rispetto della Storia locale, delle sue tradizioni, degli usi e costumi, impegno a valorizzare l'ambiente e i suoi prodotti[95];

occhi sempre rivolti verso il futuro, le nuove tecnologie e le innovazioni in generale[96];

voglia di crescere, di espandersi e di ottenere un consenso diffuso[97];

enfasi su esperienza, competenza e tecnica degli addetti ai lavori e sull'apertura al dialogo e a posizioni anche avverse

Par. 6 – Conclusioni sull'analisi culturale

L'Università agraria è un ente fortemente gerarchico: le decisioni sono prese dal vertice

---

95 Per esempio l'enfasi sui bovini di razza maremmana, la tutela delle aree boschive e della Civita estrusca, l'accoglienza del nuovo vescovo della diocesi.

96 Per esempio la produzione di latte di asina a scopi pediatrici, le discussioni sugli OGM, le sperimentazioni cerealicole, ma anche la presenza di consiglieri molto giovani.

97 Questo attraverso varie leve: strumenti amministrativi orientati ad esigenze reali (trasparenza, bilancio partecipato, razionalizzazione dei costi, dibattito), aiuto di esperti esterni (es. nell'ambito di un convegno sugli OGM sono intervenuti un filosofo epistemologo ed un giornalista), collaborazioni con organizzazioni di diverso tipo (es. Consmaremma, Comune di Tarquinia, Istituto Alberghiero di Montalto di Castro), interesse in questioni che esulano dalla sua competenza specifica (es. festeggiamenti di carnevale, energia nucleare, impianto di una nuova discarica sul territorio).

politico in maniera indipendente, senza nessun suggerimento dal basso; si accettano le iniziative individuali, ma si tiene anche a sottolineare come le decisioni prese a monte siano ordini, e dunque insindacabili. La dirigenza amministrativa è responsabile della loro attuazione, e la delega definendo i compiti ai subordinati, che anche stavolta non hanno voce in capitolo. Il sistema appare dunque abbastanza rigido ed invadibile, con l'unica eccezione del caso in cui ci sia un interesse pubblico da preservare: a tutti i livelli, i membri dell'organizzazione sono convinti del proprio scopo e ligi all'obiettivo principale dell'Ente, che è servire il pubblico, e dunque l'interesse di quest'ultimo tende a prevalere su qualunque decisione, qualora contrastante con esso. Il fatto di non prendere parte al processo decisionale, unito ai cattivi rapporti con i superiori amministrativi ed al vedere il vertice politico come qualcosa di importante e degno di rispetto, ma molto lontano dal proprio ufficio, fa si che i dipendenti si identifichino poco con l'organizzazione, e si limitino a pensare per sé, svolgendo la propria mansione completamente orientati verso l'esterno, perché solo dai rapporti col pubblico riescono a trarre legittimazione e gratificazione. I dipendenti si alienano nella propria mansione, sono distanti dal contenuto ideativo, svolgono le proprie mansioni perché l'alto li obbliga a farlo e perché serve a soddisfare gli utenti, ma questo non implica che ne accettino il contenuto, perché manca quasi totalmente il consenso per le decisioni.[98] Riti e cerimonie sono visti come un'importante espressione dell'Ente verso l'esterno, ma che non ingloba i dipendenti, il cui rapporto con l'aspetto celebrativo è di mera organizzazione dell'evento; una maggiore identificazione c'è invece con la storia dell'Ente, che è vittima di un paradosso: i dipendenti sentono un forte legame con l'azienda solo rispetto a questo profilo, facendo emergere il proprio orgoglio ed una sottile immedesimazione; tuttavia, se interpellati mostrano di non conoscere affatto le dinamiche passate dell'ente, azzardando elementi di fantasia che nel loro rapporto affettivo con l'organizzazione hanno preso il posto della storia vera. Emblematico in tal

---

98 Alcuni studiosi di matrice marxista, come Braverman, Burawoye Roy, collegano le problematiche motivazionali all'alienazione operaia, causata dalla mancanza di padronanza sui mezzi di produzione, legata anche all'ambiente di lavoro ed al fragile legame fra l'operaio e la propria azienda. Secondo le ultime revisioni della teoria marxista la fabbrica ha invece sempre più bisogno di operai che siano disponibili a comprendere le nuove tecnologie e per fare questo c'è bisogno di maggiore collaborazione, adesione e consenso (Barbagallo, D., Analisi dei processi di motivazione nella gestione delle risorse umane, da L'approccio delle Relazioni Umane, su www.psicologiadellavoro.org, luglio 2011).

senso lo stemma dell'ente[99], trattato con rispetto da tutti, ma sul cui significato si fantastica molto senza saper nulla. L'organizzazione degli spazi è coerente con i profili sopra descritti: la sede istituzionale dell'Ente è in un palazzo antico, proprio al centro della cittadina per cui l'Università Agraria un tempo era il fulcro principale. La riorganizzazione dell'assetto interno, avvenuta qualche anno fa, ha teso a sottolineare i profili salienti dell'Ente[100]: al primo piano, a pochi passi dall'ampio portone d'entrata, ci sono l'Ufficio Relazioni con Il Pubblico e i servizi

---

99 In realtà parlare di stemma è impreciso, perché l'ente ne possiede due: uno, più decorato e pomposo, è lo stemma che viene in genere utilizzato nei documenti e nei manifesti, e la sua versione classica ed ufficiale è sita in cima al portone d'entrata di Palazzo Vipereschi(sede dell'ente); l'altro, più scarno e colorato, è il simbolo moderno dell'istituzione, e si può ammirare, oltre che esposto in vari quadri all'interno della struttura, anche nell'home page del sito web. In questo caso mi riferisco allo stemma antico.

100 Prima degli interventi di riqualificazione gli uffici erano disposti a caso: al piano terra erano siti gli uffici tecnici, non c'era traccia di servizi per l'accoglienza del pubblico, mancava ogni tipo di indicazione informativa, l'ultimo piano era abbandonato. La presente dirigenza politica ha provveduto a riqualificare la struttura seguendo criteri improntati sull'apertura al pubblico, trovandosi però condizionata dal non poter operare modifiche edilizie per meglio organizzare gli uffici, in quanto sulla struttura vertono vincoli storici ed archeologici (Intervista a Daniele Ciambella, laureando in Architetturaall'Università La Sapienzadi Roma ed ex consigliere dell'ente, giugno 2011).

finanziari, a dimostrare la volontà di essere immediatamente disponibili all'utenza e di poterne trattare il prima possibile gli interessi. Al secondo piano ci sono gli uffici tecnici ed amministrativi, e all'ultimo la sede politica: la disposizione per piani ricalca chiaramente la divisione gerarchica. Nel riqualificare gli uffici si è teso a rendere più luminosi i locali, vincolati dalla scarsa presenza di luce naturale, per mezzo di pareti di vetro, innumerevoli punti luce artificiali e pitture murarie chiare e semichiare; questo, oltre a dare un'immagine più aperta e positiva all'organizzazione, ha anche mirato ad aumentare la qualità del lavoro dei dipendenti, di comune accordo con l'arredamento moderno e con i mezzi di lavoro ergonomici. Se per i piani bassi si è scelto un arredamento essenziale e semi-moderno, il piano politico è caratterizzato invece da una maggiore sontuosità, e dal prevalere del gusto estetico sulla funzionalità; questa differenza è ravvisabile anche nell'abbigliamento delle persone: se per l'amministrazione è compito ma informale, il vertice politico è invece più orientato all'eleganza: è evidente come le differenze di arredamento e di vestiario ricalchino l'assoluta informalità degli amministrativi e l'esigenza di formalità dei politici.

Pur avendo un'efficienza ed un orientamento

al cliente nettamente superiori agli standard pubblici, alcuni tratti della cultura burocratica rimangono: la dilatazione del tempo, la forte connotazione gerarchica, l'indiscutibilità degli ordini della leadership politica[101].

Per concludere, occorre sottolineare ancora una volta la mancanza di un vero senso di gruppo, legata a tre fattori principali: la lontananza della leadership politica (incapace di fornire fattori di coesione, troppo immersa nel proprio operato e troppo poco nella vita organizzativa), gli atteggiamenti ostili della leadership amministrativa (che esasperano l'alienazione del singolo nella propria mansione.) e l'elitarietà del processo decisionale.

Conclusioni

Il caso dell'Università Agraria può considerarsi, per alcuni versi, lo specchio delle piccole amministrazioni pubbliche e semi pubbliche italiane, che cercano di crescere e modernizzarsi, ma ignorano i problemi interni che le ancorano ad un rendimento sicuramente migliore rispetto agli standard di un decennio fa, ma ancora nettamente inferiore rispetto a quelli tipici del settore privato. Utilizzando una metafora, verrebbe da dire che la meta è ritenuta pericolosamente

---

101Gabassi, P.G., Psicologia del lavoro nelle organizzazioni, Milano 2006, pag. 166

più importante del viaggio, ossia l'obiettivo di essere più efficaci ed efficienti è considerato più importante della cultura organizzativa; si è coscienti della presenza di fattori negativi, però si ragiona nell'ottica che alcune cose non vanno comprese, ma solo accettate. Anche qualora ci sia una spinta a capire i nodi problematici, non appena si osserva che i disagi sono parte integrante della cultura allora li si abbandona a sé stessi: si fa l'errata deduzione che lo stesso mondo che ha creato quei problemi, difficilmente possa riuscire a scioglierli.[102] Ciò che invece sfugge a queste organizzazioni è che soltanto operando dall'interno, agendo sul posto di lavoro, si possono appianare i nodi. Sul tema della cultura organizzativa c'è ancora troppa ignoranza, non si comprende bene né cosa sia né la sua fondamentale influenza sulle dinamiche organizzative ed individuali, che ho cercato di spiegare in questo lavoro prendendo ad esempio i casi della DEC dell'Università Agraria. I sistemi di leadership tipici italiani rimangono ancorati all'idea che il manager sia il "padrone" e dunque possa permettersi qualunque comportamento; non capiscono invece che proprio il loro modo di relazionarsi, di agire, di comunicare all'interno dell'azienda è ciò che influirà maggiormente

102Palmieri, S., *L'emersione emotiva e la teoria del vuoto*, in www.ilcounseling.it, luglio 2011

sulle performance dei proprio dipendenti e dunque sul raggiungimento degli obiettivi. Passare dall'era della "forza lavoro" a quella delle "risorse umane" dovrebbe implicare una maggiore attenzione su tutti quegli aspetti che vanno a valorizzare l'efficacia della persona, unità imprescindibile e motore attivo dell'azienda: il consenso interno, la comunicazione, la creazione e la gestione di simboli e miti, il governare le ideologie, sottolineare l'importanza di riti e cerimonie; un obiettivo si raggiunge più facilmente se un'organizzazione è coesa, determinata al suo scopo e collaborativa, così come si superano più agevolmente i problemi. Se un'azienda è formata da persone, non si può pretendere che per migliorarne i risultati basti agire sui fattori tecnici; l'azione deve essere mirata anche allo sviluppo umano, alla creazione, modifica o mantenimento di una cultura funzionale agli interessi organizzativi; e come per migliorare un impianto produttivo si deve intervenire con migliorie meccaniche o tecnologiche, per agire sulle persone, sia a livello individuale sia al livello di gruppo, è necessario utilizzare fattori umani. Ecco dunque che il leader italiano, per migliorare davvero la sua organizzazione, dovrebbe diventare un leader culturale; se non si entra in questa ottica non ci sarà mai un vero sviluppo positivo della dimensione organizzativa.

SOMMARIO

Cap. 3 – Un caso di analisi culturale all'interno di un ente pubblico

L'autrice

Laura Liguori (Tarquinia, 21/02/1988) è assistente alla docenza per Psicologia delle Organizzazioni all'Università della Tuscia di Viterbo e collabora con PsyJob, società specializzata nella distribuzione dei test psicosociometrici della società Psytech Interntional. Ha scritto diversi articoli scientifici, in particolare per Learning News, Psicologiadellavoro.org e PsyJob.it.